Kosmos-Bestimmungsführer

7/2. 1992

Meiner lieben Sarah,
in der Hoffnung,
daß Dir dieses
Büchlein viel
Freude machen wird!
Deine Omi

Kosmos
Gesellschaft der Naturfreunde
Franckh'sche Verlagshandlung
Stuttgart

John Andrews

Vögel erkennen – leicht gemacht

Mit 168 Farbbildern

Aus dem Englischen
übersetzt und bearbeitet von
Dr. Helmut Demuth

Umschlag von Edgar Dambacher unter Verwendung eines Dias von Hans Reinhard
Das Bild zeigt ein Rotkehlchen
Mit 168 Farbbildern von
Ardea Photographics (1), Avon-Tilford (1), J. A. Bailey (6), B. Bevan (1), F. V.
Blackburn (8), R. J. C. Blewitt (6), A. J. Bond (3), J. B. und S. Bottomley (6), S. C.
Brown (2), A. Butler (2), K. Carlson (1), Chevalier (1), A. Christiansen (3), Bruce
Coleman LTD (1), W. Curth (2), D. N. Dalton (4), S. Dalton (9), Ducrot (3),
Dupont (2), E. Duscher (3), Eichorn/Zingel (1), M. D. England (1), F. W. Fink (1),
M. E. J. Gore (1), D. Green (1), B. Hawkes (1), H. A. Hems (4), F. Henrion (1), Eric
Hosking (11), E. A. Janes (3), J. Jeffrey (2), H. Kinloch (2), C. R. Knights (4),
Howard Lacey (1), G. Langsbury (2), P. Laub (1), T. Leach (2), A. Lindau (1), J. C.
Maes (1), J. Markham (1), F. Merlet (2), W. S. Paton (2), P. Petit (2), S. C. Porter (2),
R. Richter (2), Robert (2), J. L. Roberts (1), S. Roberts (1), Royal Society for the
Protection of Birds: (2), B. L. Sage (1), N. Schrempp (1), P. Scott (3), C. J. Small (1),
D. Smith (1), R. T. Smith (1), P. Steyn (2), Thompson (2), E. K. Thompson (1), R.
Vaughan (1), R. Volot (1), J. Wagstaff (1), J. Wightman (1), Wildlife Studies LTD
(20), M. C. Wilkes (3), D. Zingel (2).
Titel der Originalausgabe: „Hamlyn Nature Guides: Birds", erschienen bei
The Hamlyn Publishing Group Limited, 1978 unter ISBN 600 314 138
© 1978, The Hamlyn Publishing Group Limited, Feltham

CIP-Kurztitelaufnahme der Deutschen Bibliothek

Andrews, John
Vögel erkennen, leicht gemacht. – 3. Aufl. –
Stuttgart : Franckh, 1984.
  (Kosmos-Bestimmungsführer)
  Einheitssacht.: Hamlyn nature guides, birds ‹dt.›
  ISBN 3-440-05443-8

Kosmos-Bestimmungsführer ermöglichen es jedem Naturfreund, häufige oder auffallende Pflanzen, Tiere und Mineralien kennenzulernen. Zahlreiche Farbfotos, übersichtliche, knappe Texte erleichtern es, Namen, Gattung und Familie einer dem Leser noch unbekannten Art rasch festzustellen.

3. Auflage, 36.–45. Tausend
Franckh'sche Verlagshandlung, W. Keller & Co., Stuttgart/1984
Alle Rechte an der deutschsprachigen Ausgabe, insbesondere das Recht der
Vervielfältigung und Verbreitung, vorbehalten. Kein Teil des Werkes darf in
irgendeiner Form (durch Fotokopie, Mikrofilm oder ein anderes Verfahren) ohne
schriftliche Genehmigung des Verlages reproduziert oder unter Verwendung
elektronischer Systeme verarbeitet, vervielfältigt oder verbreitet werden.
Für die deutschsprachige Ausgabe:
© 1978, Franckh'sche Verlagshandlung, W. Keller & Co., Stuttgart
Printed in Italy/Imprimé en Italie/LH 14 ro/ISBN 3-440-05443-8
Satz: Konrad Triltsch, Graph. Betrieb, Würzburg
Herstellung: Interlitho, Mailand

Ein Wort zuvor

Unser Buch ist für alle die gedacht, die in Mitteleuropa häufige und auffällige Vögel leicht und sicher bestimmen möchten. Im Begleittext werden charakteristische Merkmale ihres Gefieders, ihres Verhaltens und ihrer Stimme beschrieben. Eine Übersicht zeigt, wo und wann man die Vögel am ehesten beobachten kann. Bei sehr ähnlichen Arten wird auf besondere Unterschiede hingewiesen.

In den meisten Vogelbüchern sind die beschriebenen Arten nach der wissenschaftlichen Systematik geordnet. Das ist für den erfahrenen Vogelkenner nützlich, nicht aber für den, der noch mit allgemeinen Bestimmungsschwierigkeiten zu kämpfen hat. Daher wurden Bilder und Text in diesem Buch so angeordnet, daß leicht verwechselbare Vögel neben- oder nacheinander abgebildet sind.

Ausrüstung. Will man mehr Vögel kennenlernen als die wenigen, die täglich ums Haus herum sind, braucht man ein Fernglas — am besten mit einer 8- oder 10-fachen Vergrößerung. Beim Kauf sollte man sich in einem guten Fachgeschäft beraten lassen.

Wann und wo beobachtet man? Die meisten Vögel sind scheu, und ihnen darf man sich nur vorsichtig nähern. Im Wald sind die meisten Kleinvögel sehr schwer zu beobachten; man setzt sich am besten ruhig mit dem Rücken gegen einen Baumstamm am Rand einer Lichtung und läßt die Vögel zu sich herankommen. Ein anderer guter Beobachtungsplatz ist am Wasser, wohin mit der Zeit alle Vögel zum Trinken und Baden kommen. Auf offenen Wasserflächen, Schlammbänken und Wattwiesen halten sich oft große Mengen von Vögeln auf. Doch gibt es dort wenig Deckung, und sobald man näherkommt, fliegen die nächsten Vögel auf und verscheuchen dadurch auch alle anderen. Man muß sich daher vorsichtig heranpirschen, jede Deckung, die Deiche und Uferbepflanzung bieten, ausnutzen und möglichst vermeiden, sich gegen den Horizont abzuheben. Ein Auto ist nicht nur ein ausgezeichnetes Versteck zum Beobachten der Vögel, man sitzt gleichzeitig warm und im Trockenen.

Der frühe Morgen ist die beste Zeit zum Beobachten. Nach der Morgendämmerung singen und rufen die Vögel am eifrigsten und suchen ihre Nahrungsreviere auf. Auch vor der Abenddämmerung sind sie aktiv. Wind und Regen mögen sie nicht; dann bleiben sie in Deckung. Schwimmvögel findet man zu allen Tageszeiten auf offenen Gewässern. Strandvögel jedoch sind in ihrem Ernährungsrhythmus von den Gezeiten abhängig: Bei Flut drängen sie sich auf Rastplätzen zusammen, wo man sie dann meistens gut beobachten kann. Mit dem zurückweichenden Wasser ziehen sie weiter hinaus zur Nahrungssuche.

Brütende Vögel darf man nicht stören, ihre Nester sollen unangetastet bleiben. Privatbesitz betrete man nur mit Erlaubnis.

Wie bestimmen wir die Vögel? Den Anfänger verwirren schon die häufigen Arten. Man schließt sich daher am besten einer Gruppe Gleichgesinnter an (z. B. dem Deutschen Bund für Vogelschutz) und nimmt an ih-

ren Exkursionen teil. Oder man prägt sich ca. 25 Arten, die man häufig sieht, so ein, daß man sie schnell und sicher bestimmen kann, und erweitert dann auf dieser Basis ständig seine Kenntnisse.
In diesem Buch gehen wir beim Bestimmen vom Lebensraum der Vögel aus: Wir suchen in den Übersichtstabellen (Seiten 8 bis 13) unter der entsprechenden Rubrik die in Frage kommenden Arten und schlagen die dazugehörende Seite (rechte Spalte) auf. Dort finden wir eine genaue Beschreibung des Vogels, die jeweils einem farbigen Bild gegenübersteht.
Größe und Gestalt. Die Größe ist ein wichtiges Bestimmungsmerkmal. Man sollte den Vogel möglichst mit einer Pflanze in seiner Nähe vergleichen können. Auf See oder im Flug sollte man durch Vergleich von Flügeln, Rumpf und Körper wenigstens einen Eindruck der Größenverhältnisse bekommen.
Die Gestalt ist deshalb wichtig, weil sie die Auswahl von vornherein eingrenzt. So haben zum Beispiel Enten, Schnepfenvögel, Möwen und Spechte allesamt ein charakteristisches Erscheinungsbild, das sehr leicht zu erkennen ist. Auch bei vielen anderen Vögeln läßt sich bei genauerem Hinsehen eine typische Gestalt erkennen.
Form und Länge des Schnabels sind oft wichtige Bestimmungsmerkmale. Greifvögel erkennt man im allgemeinen an ihrem krummen Schnabel. Ein langer Stocherschnabel dagegen kennzeichnet die Schnepfenvögel, und seine Länge im Verhältnis zum Kopf ist eine große Hilfe zur Unterscheidung von Arten, die sich sonst sehr ähnlich sehen wie z. B. Rotschenkel und Kampfläufer. Die für Enten typische Schnabelform weicht stark ab von der anderer Schwimmvögel wie Taucher, Teichhuhn und Bläßhuhn. Insektenfresser haben gewöhnlich einen dünnen, spitzen, Samenfresser dagegen einen dicken, fast kegelförmigen Schnabel.
Die Beinlänge kann ebenfalls sehr wichtig sein, vor allem bei der Bestimmung von Schnepfenvögeln, die im Winter vielfach einheitlich bräunlich aussehen. Wenn die Beinlänge nicht leicht abzuschätzen ist, vergleicht man sie am besten mit der Körpergröße.
Auch Länge und Form des Schwanzes sollten beachtet werden, sofern sie irgendwie außergewöhnlich sind. So dienen z. B. die Schwanzspieße der ausgewachsenen Rauchschwalbe als einfaches Unterscheidungsmerkmal gegenüber anderen Schwalben und Seglern.
Färbung und Zeichnung spielen beim Bestimmen eine sehr wichtige Rolle. Zum Glück sind die meisten Vögel so deutlich gekennzeichnet, daß man sie leicht erkennen kann, wenn man sie gut zu sehen bekommt. Zunächst prägt man sich den Gesamteindruck des Vogels ein; es ist ohnedies meist alles, was man erfassen kann.
Lassen sich auch Einzelheiten feststellen, muß man vor allem auffallende Merkmale beobachten, z. B. die Ausdehnung etwaiger farbiger Flächen. Wenn der Vogel z. B. eine dunkle Kappe hat — reicht sie bis unter das Auge oder bis zum Nacken? — Wenn die Brust farbig ist — reicht die Färbung bis zu den Wangen oder bis zum Bauch? Viele Kleinvögel haben Streifen in Augennähe; man achte auf ihre Ausdehnung und ihre Lage im Verhältnis zum Auge, denn diese Merkmale können zum Unter-

scheiden schlicht braun oder grünlich gefärbter Arten sehr hilfreich sein. Viele Vögel haben weiße oder helle Flügelbinden, die ebenfalls wertvolle Bestimmungshilfen darstellen. Manchmal sieht man sie erst, wenn der Vogel auffliegt; gleichzeitig wird dann oft auch eine etwaige Bürzel- oder Schwanzzeichnung sichtbar. Schnabel- und Beinfarbe sind vor allem bei manchen Möwen und Schnepfenvögeln wichtig.

Verhalten und Gesang. Bei vielen Vögeln ist die Lebensweise ein wichtiges Bestimmungsmerkmal.

Manche Enten, z. B. die Stockente, suchen ihre Nahrung an der Wasseroberfläche oder dicht darunter; daher gründeln sie, tauchen aber selten. Andere, wie die Reiherente, suchen ihre Nahrung am Grunde; daher tauchen sie, gründeln aber nicht. Unter den Schnepfenvögeln laufen manche Arten emsig am Strand umher und stochern aufs Geratewohl nach Nahrung; Regenpfeifer dagegen bleiben still stehen und warten auf die verräterische Bewegung eines Kleinlebewesens, dann erst laufen sie gezielt auf ihre Beute zu und schnappen sie.

Auch der Gang ist wichtig. Die meisten Kleinvögel hüpfen auf dem Boden, manche aber gehen oder laufen wie die Pieper, Stelzen und Stare, andere dagegen „huschen", z. B. Lerchen und Braunellen. Zahlreiche Arten, wie die Meisen, aber auch manche Sänger und Finken kommen überhaupt selten auf den Boden, bewegen sich dafür um so geschickter im Gesträuch und hängen bei der Nahrungssuche kopfunter an einem Halm oder Zweig.

Die Flugweise ist ebenfalls beachtenswert, auch wenn sie keine genaue Bestimmung ermöglicht. Kolkraben sind hervorragende Flugkünstler; Krähen haben gewöhnlich einen schwerfälligen Flug. Nicht immer sind Abweichungen so deutlich. Man stelle fest, ob sie ständig mit den Flügeln schlagen oder ob sie Gleitflüge dazwischen einlegen, ob der Flug wellenförmig oder geradeaus gerichtet ist, ob er kräftig oder matt wirkt. Manche Arten erkennt man bald allein an der Flugweise.

Gesänge und Rufe der Vögel sind für viele Arten ganz charakteristisch. Kennt man die häufigsten und gewöhnlichsten Lautäußerungen, fallen einem neue, noch unbekannte Tonfolgen sofort auf. Die phonetische Wiedergabe von Rufen und Gesängen hat nur einen begrenzten Wert; in diesem Buch sind deshalb nur die charakteristischsten und wichtigsten angegeben. Hört man eine unbekannte Vogelstimme, sollte man auch den Urheber dazu aufspüren und versuchen, die Stimme mit eigenen Worten oder Silben zu beschreiben und lautlich wiederzugeben. Oft genügen schon Gestalt und Verhalten für die Bestimmung eines Vogels, selbst wenn man nur seine Silhouette sieht.

Die beiden folgenden **Tabellen** zeigen, welche Arten man zur Brutzeit (S) und im Winter bzw. auf dem Zug (W) mit größter Wahrscheinlichkeit in den verschiedenen Lebensräumen zu sehen bekommt. Die eine umfaßt die Vögel am Meer und in Feuchtgebieten, die andere die Vögel in Wald und offenem Gelände. Hat man einen Vogel gesehen, und fällt die Bestimmung schwer, dann stellt man in der entsprechenden Spalte fest, welche Vögel in diesem Gebiet am ehesten vorkommen.

Meer und Feuchtgebiete Art	Meer u. Brackwasser	Felsküsten	Watt und Strand	Flachlandgewässer	Sumpf und Röhricht	Hochlandgewässer	Seite
Tordalk	S W	S					14
Trottellumme	S W	S					14
Papageitaucher	(S)W	(S)					14
Sterntaucher	(S)W					(S)	16
Kormoran	S W	S		W			16
Krähenscharbe	(S W)	(S)					16
Graureiher			(S W)	S W	S W	S W	18
Rohrdommel					S W		18
Haubentaucher	W			S W			18
Zwergtaucher				S W	S		20
Teichhuhn				S W	S W	S	20
Bläßhuhn	W			S W	S		20
Reiherente	W			S W			22
Tafelente	W			S W			22
Schellente	W			S W		S	22
Eiderente	S W						24
Pfeifente	W		W	S W	(W)	(S)	24
Krickente	W			S W	S W	S	24
Stockente	W		S W	S W	S	S W	26
Löffelente				S W	S W		26
Spießente	W			(S)W	(S)W	(S)	26
Mittelsäger	S W			W		(S)	28
Gänsesäger				S W		S(W)	28
Brandgans	S W		S W	S W			28
Ringelgans	W		W				30
Graugans			W	S W	S W	(S)	30
Kanadagans			(S)W	(S)W			30
Höckerschwan	W			S W	W		32
Weißstorch					S		32
Baßtölpel	(S)W	(S)W					32
Mantelmöwe	S W	S W	S W	W			34
Heringsmöwe	S W	S W	S W	(W)			34
Silbermöwe	S W	S W	S W	S W			34
Sturmmöwe	S W	S W	S W	S W			34
Lachmöve	S W	W	S W	S W	S W	S	36
Dreizehenmöwe	S(W)	S					36
Eissturmvogel	S W	S					36

Meer und Feuchtgebiete / Art	Meer u. Brackwasser	Felsküsten	Watt und Strand	Flachlandgewässer	Sumpf und Röhricht	Hochlandgewässer	Seite
Flußseeschwalbe	S			S			38
Küstenseeschwalbe	S						38
Trauerseeschwalbe				S	S		38
Sandregenpfeifer	W		S W				38
Flußregenpfeifer				S			38
Alpenstrandläufer			W	W		(S)	40
Flußuferläufer				S		S	40
Waldwasserläufer			(W)	S			40
Kiebitzregenpfeifer			W				42
Goldregenpfeifer					(W)	(S)	42
Knutt			W				42
Bekassine					S W	(S)	44
Kampfläufer			S W		S W		44
Rotschenkel			S W	S W	S(W)		44
Großer Brachvogel			S W		S(W)	(S)	46
Pfuhlschnepfe			W				46
Uferschnepfe			W		S(W)		46
Steinwälzer			(S)W			(S)	48
Austernfischer			S W	S			48
Säbelschnäbler			S W				48
Felsentaube		(S W)					54
Sumpfohreule			S W		S W		58
Rohrweihe					S W		60
Wiesenweihe					S		60
Kornweihe				W	S W		60
Fischadler				S		(S)	60
Turmfalke				S W	S W		64
Wanderfalke		(S)		W			66
Merlin				W			66
Kolkrabe		(S W)	(S W)		S W		74
Aaskrähe			S W	S W	S W		74
Uferschwalbe				S			78
Eisvogel				S W			82
Wasseramsel						S W	82
Teichrohrsänger					S		104
Sumpfrohrsänger					S		104
Schilfrohrsänger					S		104

Meer und Feuchtgebiete **Art**	**Meer u. Brackwasser**	**Felsküsten**	**Watt und Strand**	**Flachlandgewässer**	**Sumpf und Röhricht**	**Hochlandgewässer**	**Seite**
Feldschwirl					S		104
Rohrammer			W	S W	S W		118
Wiesenpieper			W		S W		120
Wasserpieper		(S)W	W	W	W	S(W)	120
Bachstelze		W	W	S W	S W	S	124
Gebirgsstelze				S W		S W	124
Schafstelze				S	S		124

Wald und offenes Gelände **Art**	**Laubwald**	**Nadelwald**	**Gebüsch, Schonungen, Heide**	**Parks und Gärten**	**Acker- und Weideland**	**Hochland und Moor**	**Seite**
Pfeifente					W		24
Stockente					W		26
Spießente					W		26
Graugans					W		30
Kanadagans					(S)W		30
Weißstorch					S		32
Heringsmöwe					(W)		34
Silbermöwe					W	(S)	34
Sturmmöwe					W	(S)	34
Lachmöwe					W	S	36
Alpenstrandläufer						(S)	40
Goldregenpfeifer					W	S	42
Bekassine						S	44
Rotschenkel					S		44
Großer Brachvogel					S W	S	46
Uferschnepfe					S W		46
Kiebitz					S W		50
Moorschneehuhn						(S W)	50

Wald und offenes Gelände Art	Laubwald	Nadelwald	Gebüsch, Schonungen, Heide	Parks und Gärten	Acker- und Weideland	Hochland und Moor	Seite
Birkhuhn			S W			S W	50
Fasan	S W		S W		S W		52
Rebhuhn					S W	S W	52
Rothuhn					(S W)		52
Ringeltaube	S W	S W		S W	S W		54
Hohltaube	S W				(S W)		54
Felsentaube					(S W)		54
Turteltaube	S		S		S		56
Türkentaube			(S W)	S W	(S W)		56
Steinkauz			(S W)		S W		56
Schleiereule			(S W)		S W		58
Sumpfohreule				S W		S W	58
Waldkauz	S W	S W		S W			58
Wiesenweihe			S			S	60
Kornweihe			S(W)		W	(S W)	60
Steinadler						S W	62
Mäusebussard	S W	S W	S W		S W	S W	62
Wespenbussard	S	S	S		S		62
Rotmilan	S W				S W	(S W)	64
Turmfalke	S W		S W		S W		64
Baumfalke	S	S	S		S	S	64
Wanderfalke						S W	66
Merlin			W		W	(S)W	66
Sperber	S W	S W	S W		S W		66
Kuckuck	S	S	S		S	S	68
Nachtschwalbe		S	S				68
Wendehals	S			S			68
Grünspecht	S W				S W		70
Buntspecht	S W	S W			S W		70
Kleinspecht	S W				S W		70
Pirol	S						72
Wiedehopf				S	S		72
Eichelhäher	S W	S W					72
Kolkrabe	(S W)	(S W)	(S W)		(S W)	S W	74
Aaskrähe	S W	S W	S W		S W	S W	74
Saatkrähe	S W				S W		74
Dohle	S W		(S W)		S W		76
Elster	S W		S W	S W	S W		76

Wald und offenes Gelände

Art	Laubwald	Nadelwald	Gebüsch, Schonungen, Heide	Parks und Gärten	Acker- und Weideland	Hochland und Moor	Seite
Mauersegler	fliegen über allen Lebensräumen, auch über Feuchtgebieten						78
Rauchschwalbe							78
Mehlschwalbe							78
Grauwürger			S W		(S W)	S	80
Schwarzstirnwürger			S		S		80
Rotrückenwürger			S		S		80
Rotkopfwürger			S		S		80
Seidenschwanz		(S)	W		W		82
Misteldrossel	S W	S W	S W	S W	S W	S W	84
Singdrossel	S W	S W		S W	S W		84
Rotdrossel	(S)	(S)	(S)	(S)W	W		84
Wacholderdrossel	S	S	S	S W	S W		86
Amsel	S W	S W	S W	S W	S W	S W	86
Ringdrossel						S	86
Star	S W	S W	S W	S W	S W	S W	88
Blaukehlchen	(S)	(S)				S	88
Rotkehlchen	S W	S W	S W	S W	S W		88
Gartenrotschwanz	S		S	S			90
Nachtigall	S		S	S			90
Schwarzkehlchen			S(W)			S(W)	92
Braunkehlchen			S		S		92
Steinschmätzer			S			S	92
Grauschnäpper	S	S		S			94
Trauerschnäpper	S			S			94
Heckenbraunelle	S W	S W	S W	S W			94
Zaunkönig	S W	S W	S W	S W	S W	S W	96
Kleiber	S W			S W			96
Waldbaumläufer	(S W)	S W					96
Gartenbaumläufer	S W			W			96
Kohlmeise	S W	S W	S W	S W	S W		98
Blaumeise	S W	S W	W	S W	S W		98
Schwanzmeise	S W	S W	S W	S W	(S)W		98
Tannenmeise	S W	S W		S W			100
Haubenmeise		S W		W			100
Sumpfmeise	S W	S W	S W	S W			100
Weidenmeise	S W	S W	S W	S W			100
Mönchsgrasmücke	S		S	S			102
Gartengrasmücke	S		S				102

12

Wald und offenes Gelände / Art	Laubwald	Nadelwald	Gebüsch, Schonungen, Heide	Parks und Gärten	Acker- und Weideland	Hochland und Moor	Seite
Dorngrasmücke			S	S	S		102
Zaungrasmücke	S		S	S			102
Feldschwirl			S				104
Provencegrasmücke			(S W)				106
Wintergoldhähnchen	(S W)	S W	S W	W			106
Sommergoldhähnchen	S	S	S				106
Fitis	S		S	S			106
Zilpzalp	S			S			106
Waldlaubsänger	S						108
Orpheusspötter	(S)						108
Gelbspötter	S			S			108
Zeisig		S W	(S)W				108
Girlitz	(S W)	(S W)	(S W)	S	S(W)		110
Grünling	S W		S W	S W	S W		110
Fichtenkreuzschnabel		S W		W			110
Stieglitz		(S W)	S W	S W	S W		112
Hänfling			S W		S W		112
Birkenzeisig		(S W)	(S W)	W		S W	112
Gimpel	S W	S W	S W	S W	S W		114
Buchfink	S W	S W	S W	S W	S W		114
Bergfink	(S)W	(S)		W			114
Ortolan			S	(S)	S		116
Goldammer			S W		S W		116
Zaunammer			S W		S W		116
Rohrammer					(S W)	S	118
Haussperling	(S W)	(S W)	S W	S W	S W		118
Feldsperling	(S W)	(S W)		S W	S W		118
Grauammer					S W		120
Wiesenpieper			S W		S W	S	120
Baumpieper	S	S	S				120
Feldlerche			S W		S W		122
Heidelerche			S W		(S W)		122
Haubenlerche			S W		S W		122
Bachstelze					S W		124

Tordalk *Alca torda* 41 cm

Altvögel unverwechselbar gekennzeichnet durch seitlich zusammengedrückten schwarzen Schnabel mit weißen Querstreifen, der freilich bei weit vor der Küste liegenden Vögeln nicht immer zu erkennen ist. Oberseite immer schwarz, während viele Trottellummen braun oder grau aussehen. Fliegt wie andere Alkenvögel schnell mit schwirrendem Flügelschlag, gewöhnlich dicht über den Wellen, daher leicht zu übersehen. Brütet in Kolonien an felsigen Küsten von der Bretagne über die Britischen Inseln bis Norwegen und zur Ostsee, oft mit Trottellummen und Papageitauchern vergesellschaftet. Legt ein einziges großes Ei in eine dunkle Felsspalte. Am Ende der Brutzeit verlassen die Altvögel und die noch flugunfähigen Jungvögel die Kolonien und leben auf See; zu dieser Zeit dehnt sich das Weiß des Gefieders bis zum Untergesicht aus. Ab Januar erscheinen die ersten wieder an der Küste zum Brüten.

Trottellumme *Uria aalge* 42 cm

Vögel der südlichen Brutkolonien schokoladenbraun oder grau gefärbt und leicht von Tordalken zu unterscheiden, selbst wenn die Form des Schnabels nicht zu sehen ist. In den nördlichen Kolonien dunkler, und es gibt mehr „Ringellummen" mit einem weißen Strich, der um das Auge und nach hinten verläuft. Legt ein einziges großes Ei, das an einem Ende spitz zuläuft, so daß es im Kreis rollt und nicht so leicht von den schmalen Felsbändern, auf denen die Vögel dicht zusammengedrängt oft in riesigen Mengen brüten, herabfallen kann. Brütet an der Atlantikküste von Portugal und Spanien über die Britischen Inseln und Helgoland bis Norwegen und zieht wie der Tordalk, sobald die Jungen schwimmen können, aufs Meer, wo ihnen weniger Gefahr von Möwen und anderen Räubern droht. Die verwandte **Gryllteiste** *Cepphus grylle* ist ganz schwarz bis auf ein weißes Flügelfeld und die roten Füße.

Papageitaucher *Fratercula arctica* 30 cm

Sieht wegen seines riesigen Schnabels sehr dickköpfig aus, daher leicht anzusprechen. Gesicht im Sommer weiß, im Gegensatz zum dunklen Gesicht von Trottellumme und Tordalk. Jungvögel haben jedoch dunkleres Gesicht und kleineren Schnabel, daher Verwechslung mit anderen Alkenvögeln möglich. Brütet meist in selbstgegrabenen Höhlen im Rasenbelag ungestörter Felsküsten und Inseln. Kolonien oft sehr groß; manchmal versammeln sich große Mengen von Vögeln in der Nähe auf dem Meer. Wenn das einzige Junge ziemlich groß, aber noch flugunfähig ist, bringen ihm die Eltern keine Fische mehr, und der Hunger zwingt es schließlich, die Bruthöhle zu verlassen und allein zum Meer zu marschieren, gewöhnlich im Schutz der Dunkelheit, um den räuberischen Großmöwen zu entgehen. Brütet in der Bretagne, auf den Britischen Inseln und in Norwegen, überwintert meist weit draußen auf dem Atlantik.

Sterntaucher *Gavia stellata* 42 cm

Im Sommer haben männliche und weibliche Sterntaucher eine rote Kehle, aber diese kann dunkel wirken, daher ist bei schlechtem Licht der einheitlich braune Rücken das zuverlässigste Merkmal zur Unterscheidung vom **Prachttaucher,** *Gavia arctica,* dessen Rücken ein schwarzweißes Schachbrettmuster trägt. Beide Arten im Winterkleid oben braun, unten weiß, aber der Sterntaucher zeigt am Kopf viel mehr weiß. Die Schnabelspitze wirkt immer eigenartig aufgeworfen. Seetaucher haben lange schmale Flügel; sie fliegen gewöhnlich niedrig über dem Wasser und sehen dabei bucklig aus. Beim Schwimmen wirken sie stromlinienförmig, ganz anders als Enten; sie sind großartig an das Leben im Wasser angepaßt und können in der Tat an Land kaum laufen. Sie leben von Fischen. Der Sterntaucher brütet in Schottland, Island und Skandinavien auf kleinen Seen, während der Prachttaucher größere Gewässer bevorzugt. Beide überwintern auf See und sind dann an fast allen Küsten Europas anzutreffen.

Kormoran *Phalacrocorax carbo* (Mitte) 90 cm
Krähenscharbe *Phalacrocorax aristotelis* (unten) 75 cm

Kormoran und Krähenscharbe sehen sich recht ähnlich, der sorgfältige Beobachter kann sie jedoch unterscheiden. Die adulte Krähenscharbe ist völlig schwarz, in der Nähe betrachtet, schimmert ihr Gefieder grün; im Frühjahr und Sommer trägt sie eine kurze Haube. Der Kormoran ist größer, aber die Größe ist bekanntlich von weitem schwer zu beurteilen. Mehrere andere Unterschiede sind leichter festzustellen. Der adulte Kormoran hat einen weißen Gesichtsfleck, festländische Vögel außerdem meist, britische und norwegische selten einen weißen Kopf und Hals. Im Brutkleid mit weißem Fleck am Schenkel. Schnabel verhältnismäßig größer als bei der Krähenscharbe. Beim jungen Kormoran ganze Unterseite weißlich, bei der jungen Krähenscharbe höchstens die Brust. Beide Arten schwimmen mit aufwärts gerichtetem Schnabel und fliegen mit geradeaus gestrecktem Hals. Wenn andere Merkmale nicht erkennbar sind, kann man sie hieran von Seetauchern unterscheiden, die mit fast waagrecht gehaltenem Schnabel schwimmen und beim Fliegen den Kopf etwas tiefer tragen als den Rumpf. Sie leben von Fischen. Das Gefieder von Kormoran und Krähenscharbe wird naß; dadurch verringert sich der Auftrieb, und das Tauchen wird leichter. Anschließend stehen sie mit halbausgebreiteten Flügeln herum, um ihr Gefieder zu trocknen. Die Krähenscharbe ist ein reiner Seevogel; sie kommt an weiten Teilen der Küsten von Atlantik und Mittelmeer vor, wo sie zwischen Felsen und in natürlichen Höhlen brütet. Der Kormoran kommt auch an der Ostsee, und vor allem in Südosteuropa, im Binnenland vor. Brütet gewöhnlich offener und in geschlosseneren Kolonien als die Krähenscharbe, auf Felsabsätzen und Klippen, im Binnenland meist auf Bäumen. Wo beide Arten nebeneinander vorkommen, besteht wenig Nahrungskonkurrenz, da der Kormoran in Bodennähe fischt und viele Plattfische fängt, während die Krähenscharbe in mittleren Wasserschichten jagt und andere Fische erbeutet.

Graureiher *Ardea cinerea* 90 cm
Höchstens mit **Purpurreiher,** *Ardea purpurea,* zu verwechseln, der aber kleiner und viel dunkler ist und als Sommergast vorwiegend im südlichen Europa vorkommt. Junge Graureiher sind blasser als adulte und haben keine schwarzen Schopffedern. Schleicht seine Beute im Wasser und auf dem Land mit vorsichtigen Schritten und langen Erstarrungspausen dazwischen an. Steht in der Ruhe oft mit eingezogenem Hals auf einem Bein. Fliegt mit nach hinten ausgestreckten Beinen und eingezogenem, nicht, wie bei Kranichen und Störchen, ausgestrecktem Hals unter langsamen, tiefen Flügelschlägen. Weitgehend an Süßwasserbiotope gebunden, brütet in Kolonien in Bäumen, gelegentlich im Schilf oder an Felsen. Jahresvogel im westlichen und südlichen Europa, aber im größten Teil von Nord- und Osteuropa nur Sommergast. Der Gesamtbevölkerungsstand ist vom Winterwetter abhängig, da Frost Ernährung und Überleben erschwert.

Rohrdommel *Botaurus stellaris* 76 cm
Ein heimlicher brauner Reiher, viel öfter zu hören als zu sehen. Glücklicherweise ist der Balzruf einzigartig; er gleicht einem fernen Nebelhorn und ist von Februar bis Juni zu hören. Man sieht sie selten, gewöhnlich in geduckter Haltung; den langen Hals zeigt sie nur beim Beutemachen oder in der Schreckstellung, vom Fuß bis zur Schnabelspitze hoch aufgerichtet, so daß das braungestreifte Gefieder dem Röhricht gleicht, das sie bewohnt. Typischer Reiherflug auf runden, herabgebogenen Flügeln mit nach hinten überstehenden grünen Beinen. Umfangreiches Nahrungsspektrum, vorwiegend Fische und Amphibien, aber auch kleine Vögel und Säuger. Im westlichen Europa vorwiegend Standvogel, in Südschweden und Osteuropa Sommergast. In vielen Gebieten sehr selten infolge der Vernichtung ausgedehnter ungestörter Schilfgebiete, die sie benötigt.

Haubentaucher *Podiceps cristatus* 48 cm
Im Frühjahr unverkennbar wegen des rotbraun-schwarzen Kopfschmucks, der im Winter wieder verschwindet; dann oben grau, Gesicht, Vorderhals und Unterseite weiß. Erscheint gewöhnlich schlank und hoch aufgerichtet, zieht aber oft den Hals ein und wirkt dann kurzhalsig. Fliegt mit hinten überstehenden Beinen und ausgestrecktem Hals; dabei zeigt jeder Flügel zwei große weiße Flecken. Dunenjunge gestreift, werden oft zum Schutz vor Hechten und anderen Räubern von den Eltern auf dem Rücken getragen. Lebt vorwiegend auf Süßwasserseen im Tiefland. Geht nur „an Land", um auf das schwimmende Nest zu klettern, das aus Schilf und anderen Wasserpflanzen gebaut und an Rohrhalmen oder anderen Pflanzen verankert wird. Kommt in fast ganz Europa mit Ausnahme von Nordschottland, Island und großer Teile Nordeuropas vor. Im Winter bilden die Vögel mitunter große Ansammlungen, manche ziehen auch auf Küstengewässer.

Zwergtaucher *Tachybaptus (Podiceps) ruficollis* 27 cm
Ein kleiner rundlicher Taucher, im Sommer schwarzbraun, Wangen und
Vorderhals leuchtend kastanienbraun, an der Schnabelwurzel ein auffällig abstechender, grünlichgelber Fleck. Zur Brutzeit sehr heimlich, verrät
sich oft nur durch den seltsam wiehernden Ruf. Im Winter oberseits graubraun, unterseits hellbraun; dann weniger scheu, bildet an guten Futterstellen Ansammlungen. Liebt langsam fließende Gewässer und Teiche
mit dicht bewachsenen Ufern; ernährt sich von Fischchen, Insekten und
anderen Kleintieren. Baut an Wasserpflanzen verankerte Schwimmnester
wie der Haubentaucher; vor dem Verlassen des Nestes werden die Eier
gewöhnlich zugedeckt, so daß das Nest wie ein Haufen faulender Pflanzen aussieht. Im westlichen und südlichen Europa vorwiegend Jahresvogel, in Osteuropa und Südschweden nur Sommergast, im übrigen Nordeuropa ganz fehlend.

Teichhuhn *Gallinula chloropus* 33 cm
Adulte Vögel wirken dunkel mit einem weißen Längsstrich an den Seiten
und schwarz-weißen Unterschwanzdecken. Das Rot des Stirnschildes
reicht bis zur gelben Schnabelspitze. Jungvögel braun ohne Stirnschild.
Häufigster Ruf ein recht rauhes „kürrk". Schwimmt ruckweise unter
Kopfnicken und Schwanzzucken; die Brust liegt viel tiefer im Wasser als
das „Heck". An Land sieht man die langen grünen Beine und Füße mit
den sehr langen Zehen, die sie befähigen, zu schwimmen, zu tauchen und
zu laufen, auch über schwimmende Pflanzen. Auf fast allen Gewässern
mit bewachsenen Ufern zu finden, auf größeren Seen nur am Rand.
Weitverbreitet, im westlichen und südlichen Europa Standvogel, im Norden und Osten Sommergast.

Bläßhuhn *Fulica atra* 38 cm
Ein leicht zu bestimmender Wasservogel, ganz schwarz mit auffallendem
Stirnschild und Schnabel. Rundlicher als Teichhuhn, schwimmt mehr.
Die Beine sitzen weiter hinten und die Zehen haben breite Lappen; beide
Anpassungen bewirken bessere Leistungen im Wasser unter gleichzeitigem Verlust an Beweglichkeit zu Lande. Jungvögel sind oberseits braunschwarz, an der Kehle und unterseits weißlich. Muß zum Auffliegen lange unter heftigem Flügelschlagen über das Wasser laufen; fliegt wie
Teichhuhn mit hängenden Beinen. Taucht mit Kopfsprung. Ernährt sich
von untergetauchten Pflanzen und Kleintieren, grast aber auch an Land
und rennt beim geringsten Zeichen von Gefahr zurück ins Wasser. In der
Brutzeit wird das Revier aggressiv verteidigt, im Winter jedoch kommt es
zu großen Ansammlungen. Verbreitung ähnlich wie Teichhuhn, aber
mehr an offenes Wasser gebunden.

Reiherente *Aythya fuligula* 43 cm
Erpel metallisch schwarz mit abstechend weißen Flanken; Ente braun.
Beide Geschlechter tragen einen kleinen herabhängenden Schopf und
zeigen im Flug eine breite weiße Flügelbinde. Wie andere Tauchenten
gedrungene, hoch im Wasser liegende Vögel, die sich beim Putzen im
Wasser auf die Seite legen und dabei die Unterseite zeigen. Verwechslung mit **Bergente,** *Aythya marila,* möglich, aber diese hat keinen
Schopf, der Erpel hat einen hellgrauen Rücken und die Ente stets einen
viel größeren weißen Fleck an der Schnabelwurzel als die Reiherente. Bewohnt vor allem Seen, Stauseen und langsam fließende Flüsse; ernährt
sich vorwiegend von Weichtieren. Jahresvogel auf den Britischen Inseln,
in den Niederlanden, in Mitteleuropa und im südlichen Ostseeraum.
Skandinavische Vögel ziehen im Winter nach Süden; dann kommen Reiherenten auch in ganz Südeuropa vor.

Tafelente *Aythya ferina* 46 cm
Typische Tauchente. Erpel an rostrotem Kopf, silbergrauem Rücken,
schwarzer Brust und schwarzem Schwanz einfach zu erkennen; Ente viel
matter gefärbt, Kopf und Brust braun, Rumpf graubraun; trotzdem an
der fliehenden Stirn zu bestimmen. Im Flug stechen bei beiden Geschlechtern Kopf, Hals und Schwanz in ihrer dunklen Farbe vom viel
helleren Rumpf und den Flügeln ohne auffallende Binde ab. Liebt Süßwasserbiotope im Tiefland; lebt vorwiegend von untergetauchten Wasserpflanzen. Weitverbreiteter, aber spärlich auftretender Standvogel von
den Britischen Inseln und Ostfrankreich bis Dänemark; Sommergast im
östlichen Mittel- und Osteuropa sowie in Südschweden. Zieht im Winter
nach Süden und Südwesten auf größere Gewässer, auch Stauseen und
Baggerlöcher; bildet dort große Ansammlungen, oft gemeinsam mit anderen Tauchenten.

Schellente *Bucephala clangula* 46 cm
Der weiße Wangenfleck auf dem schwarzen Kopf macht den adulten Erpel unverwechselbar. Enten und Jungvögel sind überwiegend grau mit
braunem Kopf, können aber einheitlich dunkel aussehen; sie zeigen jedoch gewöhnlich ein weißes Feld („Spiegel") am Rand des zusammengelegten Flügels. Kennzeichnend für die Schellente in allen Kleidern ist der
dreieckige Kopf mit dem recht kurzen Schnabel. Wirkt im Flug auffällig
schwarz-weiß, mit großem weißem Flügelfeld; die schnellen Flügelschläge verursachen ein lautes Pfeifen. Ernährt sich von Bodentieren; die Luft
in den Höhlen der hohen Stirn mag beim langen Tauchen behilflich sein.
Brutgebiet vor allem Skandinavien, das ostelbische Tiefland und Nordrußland; brütet in Baumhöhlen, gewöhnlich in Nadelwäldern in Wassernähe. Im Winter von Nordwest- bis Südosteuropa, oft große Ansammlungen auf nahrungsreichen Binnengewässern und Meeresbuchten.

Eiderente *Somateria mollissima* 58 cm
Erpel im Prachtkleid selbst von weitem leicht zu erkennen: oben weiß, unten schwarz; im Flug — gewöhnlich dicht über dem Wasser — vorn weiß, hinten schwarz. Ente dunkelbraun. Erpel im Jugend- und Ruhekleid sehr variabel schwarz-weiß, aber gewöhnlich mit langem weißem Seitenstreif. Charakteristisches Profil, das vom First des langen Schnabels bis zum Scheitel gerade ansteigt. Meeresente, ernährt sich vorwiegend von Muscheln. Neststand häufig offen, wobei die brütende Ente durch ihre Tarnfärbung geschützt ist; manchmal inmitten einer Möwenkolonie, die „Luftschutz" gegen andere Feinde verleiht. An den Küsten Nordwesteuropas vorwiegend Standvogel, doch ziehen manche im Winter nach Süden, z. T. bis ins Mittelmeer.

Pfeifente *Anas penelope* 46 cm
Erpel im Prachtkleid unverkennbar (Kopf rotbraun mit rahmgelber Stirn, Brust weinrötlich), ebenso der schöne Pfiff „huihu"; zeigt im Flug ein großes weißes Rechteck im Vorderflügel, so daß man eine Kette Pfeifenten schon von weitem ansprechen kann. Ente satt braun mit weißem Bauch, ganz anders als die einheitlich graubraunen Weibchen von Stock-, Spieß- oder Krickente. Schnabel bemerkenswert kurz, an das Grasen angepaßt; die Pfeifente hat als einzige europäische Ente diese für Gänse typische Ernährungsweise ausgebildet — eine wertvolle Bestimmungshilfe! Brütet vorwiegend in Moor und Tundra in Großbritannien, Island, Skandinavien, Nordostdeutschland und weiter östlich; zieht im Winter nach Süden und Westen an offene Gewässer, in Überschwemmungsgebiete und an Gezeitenstrände, wo Gräser und Wasserpflanzen reiche Nahrung bieten.

Krickente *Anas crecca* 35 cm
Erpel im Prachtkleid durch kastanienbraunen Kopf mit grünem Band gekennzeichnet, doch sind von weitem der weiße Längsstreif und das gelbe „Heck" besser zu sehen. Geringe Größe und grüner Spiegel helfen beim Ansprechen, vor allem bei den braunen Weibchen. Flug sehr schnell und wendig; dicht geschlossene Verbände führen jähe Wendungen aus. Ruf des Erpels ein musikalisches „kritt", nicht sehr laut, aber weittragend. Einzige Art vergleichbarer Größe ist die **Knäkente,** *Anas querquedula;* das Weibchen ist der Krickente sehr ähnlich, aber der Erpel hat einen braunen Kopf mit weißem Brauenstreif. Die Knäkente ist in Europa Sommervogel, während die Krickente in West- und Mitteleuropa Jahresvogel, nur in Nord- und Osteuropa Sommergast ist. Die Krickente bevorzugt zu allen Jahreszeiten Gewässer mit reichem Uferbewuchs; sie ernährt sich von Kleintieren und Samen, die sie von der Wasseroberfläche aufliest.

Stockente *Anas platyrhynchos* 58 cm
Erpel im Prachtkleid durch dunkelgrünen Kopf und Hals, weißen Halsring und braune Brust von allen anderen Arten unterschieden; im Sommer im Ruhekleid nur durch gelbgrünen statt hornbraunen Schnabel von der Ente abweichend, die sich von den kleineren und schlankeren Weibchen der Spieß- und Pfeifente auch durch den deutlich dunklen Scheitel unterscheidet. Die Stockente gehört zu den Gründelenten, die Samen und Kleinlebewesen von der Oberfläche und aus den oberen Schichten des Wassers aufnehmen, so weit sie durch Gründeln hinunterreichen. Alle Vögel dieser Gruppe haben ein Feld bunter Federn auf dem Hinterflügel, den „Spiegel", und dieser ist nur bei der Stockente dunkelblau. Die häufigste europäische Ente, bevorzugt seichte Süßgewässer, verbringt aber aus Sicherheitsgründen den Tag oft draußen auf tieferen Gewässern, auch im Watt. Standvogel, nur in Nordskandinavien und Nordrußland Sommergast.

Löffelente *Anas clypeata* 50 cm
Erpel im Prachtkleid mit grünem Kopf, weißer Brust; Bauch und Flanken rostbraun; trägt nur für kurze Zeit im Spätsommer ein braungesprenkeltes Ruhekleid, ähnlich dem der Ente. Beide Geschlechter am im Flug sichtbaren hellblauen Vorderflügel und am deutlich erkennbaren riesigen Löffelschnabel anzusprechen, der beim Schwimmen schräg abwärts gerichtet ist. Er enthält ein Filtergerät; der Vogel fährt mit ihm durch Wasser oder Schlamm und seiht Kleinlebewesen und Samen heraus. Wegen dieser Ernährungsweise bevorzugt die Löffelente seichte, nahrungsreiche Gewässer und Sümpfe im Tiefland; hält sich im Winter auch auf offenen Gewässern auf. Brütet von den Britischen Inseln und Frankreich ostwärts; im Winter ziehen die meisten nach Süden.

Spießente *Anas acuta* ♂ 66 cm, ♀ 56 cm
Erpel am besten am braunen Kopf und an der charakteristischen weißbraunen Halszeichnung zu bestimmen. Kleiner und schlanker als Stockente, aber mit erstaunlich langem Schwanz, der im Flug meist gut, weniger dagegen von weitem auf dem Wasser zu sehen ist. Der Schwanz der braungesprenkelten Ente ist kürzer; Schlankheit und dunkler Kopf unterscheiden sie von der schwereren Stockente, die einen dunklen Scheitel hat. Erpel im Ruhekleid wie Ente, behält aber seine dunkle Kopfzeichnung. Sein Hals ist länger als der ihre, so daß er in tieferem Wasser gründeln kann, was den Nahrungswettbewerb zwischen den Geschlechtern verringert. Brütet in seichtem Wasser in Sumpf und Moor, von Island und den Britischen Inseln über Norwegen und die Niederlande nach Osten. Zieht im Winter nach Südwesten und wird in fast ganz Westeuropa angetroffen.

Mittelsäger *Mergus serrator* 58 cm
Schlank und stromlinienförmig, ein spezialisierter Fischjäger. Der lange Schnabel trägt einen gezähnten Rand und einen Haken zum Festhalten der schlüpfrigen, muskulösen Beute. Erpel vom Gänsesäger durch die braune Brust, vom Stockerpel durch den breiten weißen Kragen, von beiden durch die auffällige Haube unterschieden. Ente und Jungvogel mit braunem Kopf und brauner Haube, heller Kehle und grauem Rumpf denen des Gänsesägers sehr ähnlich, aber Kontrast zwischen braunem Kopf und heller Kehle weniger deutlich. Brütet am Boden in guter Deckung, vorwiegend an der Küste, im Hochland auch an Süßwasser, von Island und Irland über Skandinavien und das Ostseegebiet nach Osten. Viele ziehen aus dem Brutgebiet zu Überwinterungsplätzen, vor allem an Flußmündungen und Küsten ganz Europas.

Gänsesäger *Mergus merganser* 66 cm
Eine große Tauchente mit langem Rumpf, Erpel besonders hübsch mit dunkelgrünem Kopf, weißer Brust und Unterseite mit lachsrosa Anflug und davon abstechendem, schwarzem Rücken. Zeigt im Flug weißen Armflügel, wie Mittelsäger, aber mehr Weiß an Rumpf und Rücken. Viel weniger an das Meer gebunden als Mittelsäger, bevorzugt im Sommer klare, schnell fließende Flüsse. Nistet mit Vorliebe in Baumhöhlen; die Ente führt die Jungen gleich nach dem Schlüpfen zum Wasser. Brütet in Schottland, Island, Skandinavien, im Ostseeraum und weiter ostwärts, aber auch in der Schweiz und in Südbayern. Viele Gänsesäger ziehen im Winter nach Süden und sind fast überall im nördlichen Europa, besonders auf großen Seen und Stauseen, anzutreffen.

Brandgans *Tadorna tadorna* 61 cm
Unverwechselbar. Die Brandgans steht zwischen Enten und Gänsen. Geschlechter ähnlich, bis auf den roten Schnabelhöcker des Männchens. Kann gut laufen, da ihre Beine weiter vorn sitzen als bei den meisten Enten. Ebenfalls im Unterschied zu diesen legen beide Geschlechter ein Schlichtkleid an, das matter ist als das Prachtkleid. Lebt überwiegend an der Küste, besonders an Flußmündungen. Hauptnahrung Wattschnecken und Muscheln. Brütet in Höhlen, besonders Kaninchenbauen. Küken werden in großen „Kindergärten" von wenigen Altvögeln betreut. Nach der Brutzeit mausern die Altvögel und werden zeitweise flugunfähig; vorher sammeln sich die meisten an Mauserplätzen, die Sicherheit und reichliche Nahrung bieten. Der größte von diesen ist der Große Knechtsand vor der deutschen Nordseeküste. Brütet vor allem an den Küsten Nordwesteuropas; Vögel aus nördlicheren Gebieten ziehen im Winter nach Süden.

Ringelgans *Branta bernicla* 56 – 60 cm
Eine sehr kleine Gans, nicht größer als die Brandgans, deren Winterquartiere sie teilt. In Europa zwei Rassen: die hellbäuchige brütet in Grönland und Spitzbergen und überwintert an den nördlichen Küsten der Britischen Inseln, die dunkelbäuchige, fast schwarz, brütet in der sowjetischen Arktis und überwintert an den Küsten von Dänemark und Südengland bis Spanien. Größe, Färbung und Biotop zusammen machen Verwechslung unwahrscheinlich. Ernährt sich im Winter vorwiegend von Seegras *(Zostera)*, aber seit einiger Zeit haben sich dunkelbäuchige Ringelgänse auf das Abweiden von Saaten umgestellt, da das natürliche Nahrungsangebot nicht mit der Bestandszunahme Schritt gehalten hat. Dies ist vielleicht eine vorübergehende Phase, da die Bestände stark schwanken wie bei anderen hocharktischen Brutvögeln, die manchmal mehrere Jahre hintereinander keine Jungen hochbringen, wenn das Wetter zur entscheidenden Zeit ungünstig ist.

Graugans *Anser anser* 76 – 90 cm
Die einzige Gans, die in Europa außerhalb von Nordskandinavien im Sommer vorkommt; Stammform der Hausgans, die die gleiche Stimme hat. Von anderen grauen Gänsen am besten an der Schnabelfarbe zu unterscheiden. Die Graugans hat einen großen Schnabel, bei der westlichen Rasse gelb, bei der östlichen rosa. Die **Bläßgans**, *Anser albifrons*, hat einen rosa Schnabel (bei der grönländischen Rasse gelb), der Altvogel eine breite weiße Stirnblesse und einen unregelmäßig schwarz gebänderten Bauch; bei der kleineren **Zwerggans**, *Anser erythropus*, reicht die Blesse bis zum Scheitel. Der Schnabel der **Saatgans**, *Anser fabatis*, ist schwarz und orange, der der kleineren **Kurzschnabelgans**, *Anser brachyrhynchus*, schwarz und rosa. Geschlechter gleich. Gänse fliegen gewöhnlich in Schräglinie oder im Keil. Die Graugans brütet in Island, Großbritannien, Skandinavien, rund um die Ostsee sowie in Südosteuropa; sie zieht im Winter nach Süden. Die anderen Arten brüten in der Arktis und überwintern in großen Verbänden in milderen Gegenden, vor allem an den nordwesteuropäischen Küsten.

Kanadagans *Branta canadensis* 92 – 102 cm
Kopf und Hals schwarz mit weißer Kehle, Rumpf braun; Hinterleib weiß mit dunkler Schwanzbinde wie bei fast allen Gänsen. Wie die meisten Gänse in erster Linie an das Grasen angepaßt, weidet manchmal auf Saatland weit vom Wasser, rastet aber aus Sicherheitsgründen auf dem Wasser. Brütet auf dem Boden dicht am Wasser, oft auf Inseln. Beide Eltern verteidigen das Nest und die Jungen, wie alle Gänse, während sich bei den Enten das Weibchen auf seine Tarnfarbe verläßt und der Erpel sich nicht an der Jungenaufzucht beteiligt. Seit 300 Jahren in Großbritannien eingebürgert, dort weitverbreitet, lokal häufig; ebenso in Schweden. Überwinternde Vögel erscheinen regelmäßig auch in Mitteleuropa.

Höckerschwan *Cygnus olor* 150 cm

Durch orangen Schnabel mit schwarzem Höcker von Sing- und Zwergschwan unterschieden, die schwarz-gelben Schnabel haben. Der **Singschwan,** *Cygnus cygnus,* ist ebenso groß, hält aber den Hals gerader; der **Zwergschwan,** *Cygnus columbianus,* ist kleiner und kurzhalsiger. Beide sind viel seltener. Junge Höckerschwäne sind graubraun mit mattrosa Schnabel und werden mit zunehmendem Alter weißer. Höckerschwäne sind meist stumm, verursachen aber im Flug durch ihre Schwingen ein volles, unverwechselbares Dröhnen. Sing- und Zwergschwan rufen häufig im Flug. Brütet vorwiegend auf Binnengewässern, erscheint im Winter auch an Flußmündungen. Jahresvogel auf den Britischen Inseln und von Mittelfrankreich bis zur Ostsee; in Südschweden vorwiegend Sommergast. Sing- und Zwergschwan ziehen aus ihrem Brutgebiet im hohen Norden vor allem nach Nordwesteuropa.

Weißstorch *Ciconia ciconia* 102 cm

Der große weiße Vogel mit schwarzen Schwungfedern, rotem Schnabel und langen, roten Beinen ist auf dem Boden unverwechselbar. Fliegt mit ausgestrecktem Hals im Gegensatz zum Reiher, der ihn einzieht. (Flamingos, die zunehmend als Zooflüchtlinge in Nordwesteuropa auftauchen, bieten, wenn sie ihre rosa Färbung weitgehend verloren haben, im Flug ein ähnliches Bild, aber ihre Beine ragen viel weiter nach hinten, und ihr Schnabel ist dick und krumm.) Lebt von Insekten, Kleinsäugern, Reptilien, Lurchen und Jungvögeln. Das große Nest steht fast immer auf einem Dach oder Schornstein. Bewohnt feuchte Niederungen in Nordwestafrika und Spanien sowie von Mitteleuropa bis Vorderasien. Sommergast, überwintert in Afrika südlich der Sahara. Die Bestände haben sehr abgenommen; jetzt in vielen Gegenden, wo er früher bekannt und beliebt war, sehr selten geworden.

Baßtölpel *Sula bassana* 90 cm

Ein mächtiger Seevogel mit 1,80 m Flügelspanne. Altvögel weiß mit schwarzen Flügelspitzen und gelblich überhauchtem Kopf; erscheinen von weitem ganz weiß, Möwen wirken dagegen grau oder dunkel. Subadulte Vögel dunkelbraun, mit den Jahren immer weißer werdend. Lebt von Fischen. Taucht mit dem Kopf voran aus einer Höhe von bis zu 30 m und mehr; zieht beim Eintauchen die Flügel ein, so daß er aussieht wie eine Papierschwalbe. Die Augen sind nach vorn gerichtet; kann dadurch die Beute leichter sehen und deren Entfernung und Geschwindigkeit besser beurteilen. Die Haut der Unterseite enthält zahlreiche Lufträume, und auch der Schädel ist daran angepaßt, um die Wirkung des Aufpralls auf dem Wasser abzufangen. Brütet in Kolonien an der Küste, hauptsächlich auf den Britischen Inseln, wo (bei einer Weltbevölkerung von 200 000) über 140 000 Vögel in 16 Kolonien brüten, ferner in der Bretagne, in Norwegen, auf Island und in Nordamerika.

Mantelmöwe *Larus marinus* 65 – 80 cm
Heringsmöwe *Larus fuscus* (nicht abgebildet) 53 – 56 cm
Die Mantelmöwe ist so groß wie eine kleine Gans. Sie hat einen schwarzen Rücken sowie schwarze Flügel mit weißem Rand. Flügelschlag langsam und tief, Flug schnell. Von nahem fallen der mächtige Schnabel und die fleischfarbenen Füße auf. Skandinavische Heringsmöwen sind ähnlich dunkel, aber die britische Rasse hat dunkelgrauen Rücken; Kopf und Schnabel sind weniger massig, die Füße kräftig gelb. Auch die Stimme ist anders: Die Mantelmöwe ruft tief und bellend „auk, auk", die Heringsmöwe höher und schneller wie die Silbermöwe. Jungvögel beider Arten sind kräftig braun gesprenkelt; das Alterskleid wird im Verlauf mehrerer Jahre angelegt. Beide Arten sind Schmarotzer und Räuber. Sie brüten offen, vorwiegend an den Küsten der Bretagne, der Britischen Inseln, Islands, Skandinaviens und der Ostsee. Besonders die Heringsmöwe ist vorwiegend Zugvogel und im Winter auch im Binnenland anzutreffen.

Silbermöwe *Larus argentatus* 56 – 66 cm
Mantel und Flügel grau, Flügelspitzen schwarz mit weißen Flecken. Schnabel wie bei anderen Großmöwen gelb mit rotem Fleck. Füße der westeuropäischen Rasse fleischfarben. Bei anderen Rassen bestehen in Mantel- und Fußfärbung gewisse Ähnlichkeiten mit britischen Heringsmöwen, in Nordwesteuropa ist eine Verwechslung nur mit der kleineren Sturmmöwe möglich. Die Unterscheidung nicht ausgefärbter Silber- und Heringsmöwen ist schwierig. Die Silbermöwe brütet auf grasbewachsenen Klippen, auf Inseln vor der Küste, in Stranddünen, lokal auch auf Dächern. Jedes Paar verteidigt ein kleines Revier innerhalb der Kolonie. Obwohl unbewachte Eier und Junge von Nachbarn geraubt werden, ist das Brüten in Kolonien vorteilhafter, vor allem wegen der ausgezeichneten Massenabwehr gefährlicher Feinde. Das ganze Jahr über an fast allen europäischen Küsten verbreitet, im Winter auch im Binnenland. Skandinavische Vögel ziehen zum Teil.

Sturmmöwe *Larus canus* 41 cm
Kleiner als Silbermöwe, was aber oft schwer zu beurteilen ist. Flug anmutiger; auch wirken Kopf und Schnabel im Verhältnis zur Gesamtgröße kleiner. Eindeutige Kennzeichen sind der gelblich grüne Schnabel ohne roten Fleck und die grünlichen Beine. Umfangreiches Nahrungsspektrum wie bei anderen Möwen, vor allem Mollusken, Würmer und Insekten, aber auch Fische, Kleinsäuger, Vogeleier und Jungvögel. Kommt im gesamten Brutgebiet im Binnenland wie an der Küste vor. Brütet meist nahe am Wasser, aber auch auf offenem Moor, oft in Kolonien. An den Küsten Nordeuropas das ganze Jahr über anzutreffen, im skandinavischen Binnenland nur im Sommer. Im Herbst ziehen viele nach Süden bis ans Mittelmeer; im Winter im Binnenland seltener als Silbermöwe.

Lachmöwe *Larus ridibundus* 36 cm
Leicht zu bestimmen, im Sommer mit schokoladenbrauner Kapuze, die im Herbst abgelegt wird, dann ist der Kopf weiß mit dunklem Ohrfleck. Schnabel und Füße zu allen Zeiten rot, Rücken grau. Im Flug hebt sich der weiße Keil am Vorderflügel vom grauen Hinterflügel mit schwarzer Spitze ab. Jungvögel haben viel Braun im Gefieder und eine dunkle Schwanzendbinde; Schnabel und Füße sind blasser. Die Lachmöwe ist, wie die meisten anderen Möwen, in den letzten hundert Jahren viel häufiger geworden. Ernährt sich von tierischen Stoffen aller Art, besucht auch Äcker und Müllkippen. Brütet am Wasser in weiten Gebieten Nord- und Mitteleuropas; kommt im Winter auch am Mittelmeer vor.

Dreizehenmöwe *Rissa tridactyla* 41 cm
Hochseevogel, mit schmalen Flügeln und sehr leichtem Flug. Einzige häufige Art mit ganz schwarzen, dreieckigen Flügelspitzen; Flügel hell grau. Am Boden sieht man den gelben Schnabel und die kurzen schwarzen Beine. Ruf „kitti-week", vor allem in den Brutkolonien zu hören. Jungvögel haben ein breites dunkles Band in Form eines W auf Flügeln und Rücken und eine schwarze Schwanzendbinde. Ernährt sich von kleinen Meerestieren, die sie von der Wasseroberfläche abliest und kommt, im Gegensatz zu anderen Möwen, selten ins Binnenland. Brütet in lärmerfüllten Kolonien auf Felsbändern, wo jedes Nest eben außerhalb der Reichweite der Nachbarn steht, in Nordfrankreich, auf den Britischen Inseln, Island und Helgoland, in Dänemark und Norwegen. Im Winter weit über den Atlantik und bis ins westliche Mittelmeer verbreitet.

Eissturmvogel *Fulmarus glacialis* 47 cm
Gleicht auf den ersten Blick einer Möwe, unterscheidet sich aber von ihr durch das Flugbild und das völlige Fehlen von schwarzen Abzeichen. Hält die Flügel beim Flug lange Zeit gerade und starr und gleitet auf Luftströmungen schwebend leicht und schnell am Klippenhang oder dicht über dem Wasser dahin. Diese eigenartige Technik erlaubt es ihm und seinen Verwandten, zu denen auch die Albatrosse gehören, ohne großen Energieverlust weit aufs Meer hinauszufliegen. Hat sich seit dem ausgehenden 19. Jahrhundert von Island und St. Kilda aus über alle geeigneten Brutplätze — vorwiegend an Klippen — rund um die Britischen Inseln bis zur Bretagne, nach Helgoland und Norwegen ausgebreitet. Vermutlich ist das reiche Angebot von Abfällen der Fischereiflotten wenigstens teilweise für diese beachtliche Ausweitung des Brutgebietes verantwortlich. Wandert weit übers Meer, ernährt sich von lebenden und toten Tieren, die auf dem Wasser treiben.

Flußseeschwalbe *Sterna hirundo* 35 cm
Küstenseeschwalbe *Sterna paradisae* (nicht abgebildet) 35 cm
Seeschwalben kennt man leicht an ihrer schlanken Gestalt, den langen schmalen Flügeln ohne schwarze Spitzen und dem Gabelschwanz. Rütteln oft, ehe sie ins Wasser stoßen, um Fische zu erbeuten. Rufe gewöhnlich hoch und rauh (typisch: „kiäh"). Fluß- und Küstenseeschwalbe sehr ähnlich, Unterscheidung im Flug oft schwer. Beide haben roten Schnabel (Flußseeschwalbe mit schwarzer Spitze). Jungvögel haben weiße Stirn und dunklen Schnabel. Die größere **Brandseeschwalbe**, *Sterna sandvicensis*, 41 cm, hat schwarzen Schnabel mit gelber Spitze, die sehr kleine **Zwergseeschwalbe**, *Sterna albifrons*, 24 cm, hat weiße Stirn und gelben Schnabel mit schwarzer Spitze. Alle vier brüten vor allem auf ungestörten Kiesel- und Sandstränden und sind Sommergäste in Europa, die Flußseeschwalbe an fast allen Küsten, oft auch im Binnenland, die Küstenseeschwalbe von der Bretagne nordwärts, die Zwergseeschwalbe von der Ostsee südwärts.

Trauerseeschwalbe *Chlidonias niger* 24 cm
Häufigste der drei in Europa vorkommenden „Sumpfseeschwalben", oben dunkelgrau, Unterflügel und Schwanz heller grau, Kopf und Brust rußschwarz. Jung- und Altvögel im Ruhekleid unten weiß mit einem dunklen Fleck vor dem Flügel. Flug graziös mit schnellem, leichtem Flügelschlag; stößt häufig zur Wasseroberfläche, um Insekten aufzulesen, die sie auch im Flug fängt, taucht aber selten ins Wasser ein. Brütet in Kolonien in Sümpfen und an schilfumsäumten Seen und Flüssen, wo sie gewöhnlich an Wasserpflanzen verankerte Schwimmnester baut. Vielfach unregelmäßiger Brutvogel; durch Trockenlegung geeigneter Feuchtgebiete wird das Brutgebiet ständig weiter zersplittert. Sommergast auf dem europäischen Festland bis zur südlichen Ostsee.

Sandregenpfeifer *Charadrius hiaticula* 19 cm
Schnabel schwarz-orange, Beine orange; zeigt im Flug eine weiße Flügelbinde. Jungvögel blasser, ähnlich wie Altvögel im Ruhekleid. Strandvogel, nur wenige brüten im Binnenland auf Sandflächen und in Kiesgruben. Jahresvogel auf den Britischen Inseln, sonst vorwiegend Sommergast, der am Atlantik und am Mittelmeer überwintert. Der ähnliche **Flußregenpfeifer**, *Charadrius dubius*, 15 cm, hat dunklen Schnabel, blaß graugelbliche Beine und keine Flügelbinde. Er ist Sommergast in Europa nordwärts bis England und Südskandinavien. Sein ursprünglicher Biotop sind Sand- und Kiesbänke an Flüssen; durch die Besiedlung von Sand- und Kiesgruben, Industriegelände und ähnlichen Biotopen hat er seinen Lebensraum erheblich erweitert.

Alpenstrandläufer *Calidris alpina* 17 – 19 cm
Recht gedrungen und kurzbeinig; Schnabelspitze deutlich abwärts gebogen. Im Brutkleid Rücken lebhaft rotbraun, Bauch schwarz, im Ruhekleid oben graubraun, unten hell; im Herbst bei mausernden Altvögeln und bei Jungvögeln viele Übergänge dazwischen. Zeigt im Flug eine schmale weiße Flügelbinde und schwarzen Schwanz mit je einem kleinen weißen Fleck beiderseits. Außerhalb der Brutzeit der häufigste Strandvogel, tritt an den Gezeitenstränden Westeuropas in Flügen von manchmal mehreren Tausend Vögeln auf, die auf den Schlickbänken emsig nach Nahrung suchen; auch an Binnengewässern. Brütet auf Strandwiesen und an Flußufern, in Hochmooren und Sümpfen und in der Tundra vom Norden Deutschlands (sehr selten) und der Britischen Inseln bis zum höchsten Norden.

Flußuferläufer *Actitis hypoleuca (Tringa hypoleucos)* 20 cm
Ein kleiner Schnepfenvogel mit braunem Rücken und Brustlatz und weißer Unterseite; besonders kennzeichnend ist das ständige Schwanzwippen. Zeigt im Flug eine weiße Flügelbinde und weiße Schwanzseiten, ähnlich Alpenstrandläufer, unterscheidet sich aber durch zuckenden Flügelschlag und schrillen „hididih"-Pfiff. Brütet an Fluß- und Seeufern (auch bewaldeten), auf den Britischen Inseln vorwiegend im Hochland. In geeigneten Biotopen Sommergast in fast ganz Europa. Die meisten überwintern in Afrika; einige verbleiben im milden Küstensaum vom nördlichen Mittelmeer um Spanien bis Frankreich, zum Teil noch weiter nördlich. Tritt, wie viele Watvögel, auf dem Zug in Feuchtgebieten aller Art auf.

Waldwasserläufer *Tringa ochropus* 23 cm
Mittelgroßer Schnepfenvogel mit dunkel graubrauner Oberseite, hellbrauner Brust und weißer Unterseite. Schnabel und Beine länger als beim kleineren und helleren Flußuferläufer. Wirkt sehr schwarz-weiß, vor allem im Flug stechen die dunklen Partien (Flügel, Rücken, Schwanzendbinde) scharf von den weißen (Bürzel, Oberschwanzdecken, Unterseite) ab. Sehr ängstlich, fliegt oft schon in größerer Entfernung auf. Ruf dreisilbig, flötend. Brütet in alten Drosselnesetern und dergleichen in Bruchwäldern von Nordostdeutschland und Norwegen ab ostwärts; überwintert vorwiegend im Binnenland von Südirland südwärts und im Mittelmeerraum. Der **Bruchwasserläufer** *Tringa glareola,* 20 cm, ist recht ähnlich, aber weniger kontrastreich gezeichnet, mit hellen Unterflügeln und längeren, im Flug den Schwanz weiter überragenden Beinen. Verhalten ähnlich Waldwasserläufer, Ruf schriller. Brütet in Feuchtgebieten aller Art von Norddeutschland und Skandinavien ab ostwärts; überwintert in Afrika.

Kiebitzregenpfeifer *Pluvialis squatarola* 28 cm
Im Brutkleid: Gesicht und Unterseite schwarz, durch ein breites weißes Band vom graugesprenkelten Rücken getrennt; im Ruhekleid: bis auf weißen Brauenstreif und Bauch überwiegend grau. Unterscheidet sich in allen Kleidern im Flug vom Goldregenpfeifer durch weißen Bürzel, gebänderten Schwanz und von den hellen Unterflügeln abstechende schwarze Achseln. Brütet in der sowjetischen Arktis, überwintert hauptsächlich auf Schlickbänken an den Küsten von Schottland und Norddeutschland südwärts. Allen Regenpfeifern gemeinsam ist die Art der Nahrungsaufnahme: Sie stehen still, schauen hin, laufen ein paar Schritte und erhaschen die Beute, während andere Strandvögel aufs Geratewohl mit dem Schnabel stochern.

Goldregenpfeifer *Pluvialis apricaria* 28 cm
Sommerkleid sehr variabel: Bei nordischen Vögeln sind Unterseite, Kehle und Gesicht schwarz, bei südlichen reicht das Schwarz nicht so weit hinauf; Oberseite goldgefleckt. Im Winterkleid brauner als Kiebitzregenpfeifer, im Flug durch einheitlich dunklen Bürzel und Schwanz und helle Achseln unterschieden. Brütet in Moor und Tundra von Irland, Nordengland und Norddeutschland (sehr selten) nordwärts. Der Wache haltende Vogel lenkt oft durch seinen schwermütigen Pfiff „tlui" die Aufmerksamkeit auf sich. „Verleitet" wie viele andere Schnepfenvögel, wenn Räuber sich dem Nest oder den Jungen nähern: Der Altvogel täuscht Verletzung vor und schleppt sich eben außer Reichweite auf dem Boden dahin, bis er den Feind weggelotst hat. Überwintert auf den Britischen Inseln, in den Niederlanden und Westfrankreich und im Mittelmeerraum auf nahrungsreichem Weideland, oft in großen Flügen zusammen mit Kiebitzen.

Knutt *Calidris canutus* 25 cm
Im Brutkleid auffallend gefärbt mit rotbraunem Rücken und kräftig roter Unterseite. Erscheint bei uns meist in matter gefärbtem Ruhekleid und ist dann schwerer anzusprechen: Rücken aschgrau, Unterseite weiß; im Flug Unterflügel hell, weiße Flügelbinde oft kaum sichtbar, Bürzel und Schwanz grau; das Fehlen aller auffälligen Kennzeichen ist ein gutes Bestimmungsmerkmal. Brütet in der außereuropäischen Tundra, überwintert an den Küsten der Britischen Inseln und der Nordsee südwärts bis ins westliche Mittelmeer und Westafrika, vorwiegend an Gezeitenstränden, wo er sich auf den Schlickbänken von kleinen Mollusken ernährt. Bildet bei der Nahrungsaufnahme und bei der Rast oberhalb der Flutmarke große, dicht gedrängte Verbände.

Bekassine *Gallinago gallinago* 37 cm
Eindeutigstes Bestimmungsmerkmal ist der auffallend lange, gerade Schnabel, mit dem sie in sumpfigem Boden und seichtem Wasser tief nach Würmern und Larven stochert. Wegen ihrer Tarnfärbung schwer zu sehen, fliegt oft unerwartet in schnellem Zickzackflug unter rauhem „Rätschen" auf. In der Brutzeit zeigt das Männchen ausgedehnte Balzflüge, wobei es im Kreis fliegend in Wellenlinien steigt und stürzt; beim Sturzflug wird auf beiden Schwanzseiten eine eigentümlich geformte Feder abgespreizt, die beim Durchschneiden der Luft ein anhaltendes Schwirren („Meckern") verursacht. Verfügt auch über einen Gesang, der gern vom Zaunpfahl aus vorgetragen wird, ein monotones, an ein Uhrwerk erinnerndes „tücke, tücke...". In West- und Mitteleuropa allgemein Jahresvogel, in Skandinavien und Osteuropa überwiegend Sommer-, im Mittelmeerraum Wintergast.

Kampfläufer *Philomachus pugnax* ♂ 29 cm, ♀ 23 cm
In der Brutzeit tragen die Männchen eine auffallende Halskrause und Perücke in den verschiedenartigsten Kombinationen von Schwarz, Weiß und Braun und balzen auf offenen, grasigen Turnierplätzen, an denen die braungesprenkelten Weibchen erscheinen, um sich mit den dominanten Männchen zu paaren. Zu anderen Zeiten Männchen ähnlich den Weibchen, aber merklich größer, auf dem Boden ähnlich Rotschenkel, doch mit deutlich kürzerem Schnabel — ein wichtiges und zuverlässiges Bestimmungsmerkmal. Bein- und Schnabelfarbe sehr variabel, häufig gelb oder grün, nie leuchtend rot. Zeigt im Flug wenig Weiß, nur eine schmale weiße Flügelbinde und auffallende ovale, weiße Flecken auf beiden Seiten des dunklen Schwanzes. Brütet in feuchten Wiesen und Sümpfen von England und Nordfrankreich (sehr spärlich) ost- und nordwärts. Die meisten ziehen zum Überwintern an die Küsten von West- und Südeuropa und weiter.

Rotschenkel *Tringa totanus* 28 cm
Häufig, leicht zu erkennen. Beine und Schnabelwurzel orangerot; im Flug eindeutig bestimmt durch breiten weißen Flügelhinterrand, Rücken und Bürzel und weißen, schwach quergebänderten Schwanz. Ein auffälliger und lauter Vogel; Ruf ein lautes, flötendes „tjü-tjü-tjü". Der hysterische Alarmruf wie der jodelnde Balzgesang sind Variationen über dasselbe Thema. Brütet in feuchten Wiesen und in der Marsch; immer noch innerhalb des ursprünglich fast ganz Europa umfassenden Brutgebietes ziemlich weit verbreitet, ist aber wie viele andere Schnepfenvögel infolge von Trockenlegungen in ständigem Rückgang begriffen. Im Westen und Süden Jahresvogel, in Mittel- und Osteuropa und im größten Teil von Skandinavien Sommergast. Im Winter ziehen die meisten an Gezeitenstrände, wo sie, wie viele Schnepfenvögel, zuweilen in großen Verbänden auftreten.

Großer Brachvogel *Numenius arquata* 53 – 58 cm
Gewöhnlich ist der sehr (bis 15 cm) lange, krumme, fast zu schwer erscheinende Schnabel leicht zu sehen. Zeigt im gemächlich aussehenden, aber fördernden Flug seinen weißen Bürzel; wirkt sonst oft mehr grau als braun. Häufigster Ruf ein flötendes „klu-ih"; der am Brutplatz meist im Flug vorgetragene Gesang ist laut, langsam und perlend mit herrlichen, jodelnden Trillern. Kann mit dem **Regenbrachvogel,** *Numenius phaeopus,* verwechselt werden, der ebenfalls krummen Schnabel und weißen Bürzel hat; dieser Vogel ist aber um ein Drittel kleiner und hat einen gestreiften Scheitel, und sein Ruf ist eine gleichmäßige Folge von sechs bis sieben Pfiffen. Brütet in Feuchtgebieten — Moor-, Wiesen- und Heideland — von Mittelfrankreich nordwärts. Die Vögel im Norden und Osten sind Zugvögel. Im Winter an der Küste und in anderen Feuchtgebieten bis zum Mittelmeer.

Pfuhlschnepfe *Limosa lapponica* 38 cm
Im Prachtkleid (bei uns selten zu sehen) Gesicht, Hals und Unterseite bis zum Schwanz auffallend rostrot. Hinterbauch bei der Uferschnepfe weiß. Im Ruhekleid oben braun, unten weißlich, im Herbst und Frühjahr mehr oder weniger rot und weiß gefleckt. Insgesamt etwas kleiner als Uferschnepfe, mit aufwärts gebogenem Schnabel; im Flug durch fehlende Flügelbinde, weißen Hinterrücken und Bürzel und schwach gebänderten Schwanz leicht zu unterscheiden. Brütet in der arktischen Tundra, überwintert an der Atlantikküste von Dänemark und den Britischen Inseln südwärts, wo sie von Wirbellosen lebt.

Uferschnepfe *Limosa limosa* 41 cm
Zeigt im Flug eine auffallende weiße Flügelbinde; der Schwanz ist vorn weiß, hinten schwarz und wird von den Beinen weit überragt. Am Boden der Pfuhlschnepfe im braunen Ruhe- wie im rötlichen Prachtkleid sehr ähnlich, beim direkten Vergleich jedoch Beine deutlich, Schnabel etwas länger. Brutbiotop feuchtes Wiesen- und nasses Heideland. Zu Beginn der Brutzeit Männchen sehr auffällig durch Balzflüge und -gesang. Brütet sehr lokal und spärlich in Großbritannien, Frankreich, Nord- und Süddeutschland und in Schweden, zahlreicher in Island, den Niederlanden und Dänemark sowie östlich der Elbe; überwintert an den Küsten Westeuropas und Nordafrikas.

Steinwälzer *Arenaria interpres* 23 cm
Wirkt recht gedrungen und kurzbeinig. Im Prachtkleid auffallend bunt. Im Ruhekleid, wenn das Rostrot und Schwarz durch schlichtes Graubraun ersetzt wird, einheitlicher dunkel und weiß. Dennoch mit keinem anderen Watvogel zu verwechseln, im Flug wegen der auffälligen Verteilung von Weiß, Schwarz und Braun leicht zu bestimmen. Verhalten ebenfalls recht bezeichnend. Stochert zwischen angeschwemmten Pflanzen und kleinen Steinen nach Nahrung, dreht dabei oft Gegenstände um. Zieht Strände vor, wo er wegen seiner Färbung leicht übersehen wird und sich höchstens durch die orangeroten Beine verrät. Brütet nahe der Küste in Skandinavien und der Sowjetunion; überwintert vorwiegend an den Küsten von Nordsee und Atlantik. Erscheint auf dem Zug gelegentlich im Binnenland.

Austernfischer *Haematopus ostralegus* 43 cm
Schwarz mit weißer Unterseite, starkem orange Schnabel und rosa Beinen; im Ruhekleid mit weißer Kehle. Zeigt im Flug breite, weiße Flügelbinde, weißen Bürzel und weiße Unterflügel und sieht ausgesprochen schwarz-weiß aus. Der kräftige Schnabel dient zum Öffnen von Muscheln und zum Stochern nach Würmern. Einzelne Vögel spezialisieren sich auf eine besondere Technik des Nahrungserwerbs; einige zerschlagen die Muschelschale, andere durchtrennen geschickt den Schließmuskel. Austernfischer können zu allen Zeiten überall an den Küsten Europas auftreten, aber die west- und südeuropäischen Populationen sind grundsätzlich Standvögel; sie erhalten im Winter starken Zuzug aus weiter nördlich (rund um die Ostsee, in Island und von Skandinavien bis Sibirien) gelegenen Teilen des Brutgebietes. Nistet vorwiegend an der Küste, aber auch im Binnenland, z. B. an Elbe, Weser, Ems und Niederrhein.

Säbelschnäbler *Recurvirostra avosetta* 43 cm
Gleicht mit seinem schwarz-weißen Gefieder und seinem langen, aufwärtsgebogenen Schnabel keinem anderen Schnepfenvogel. Von weitem selbst im Flug, wenn der Schnabel nicht zu sehen ist, mit schwarzem Oberkopf, schwarzem V auf dem Rücken, schwarzer Schrägbinde auf den Flügeln und schwarzen Flügelspitzen unverwechselbar. Brütet an Brack- und Salzwasser von der südlichen Nord- und Ostsee bis zum Mittelmeer sowie in der pannonischen Tiefebene; überwintert von Südwestengland südwärts. Der eigenartige Schnabel dient nicht dazu, wie bei anderen Schnepfenvögeln, nach Nahrung zu stochern oder sie aufzupicken, sondern wird durch Wasser und flüssigen Schlamm hin und her geschwenkt, um kleine Wirbellose, vor allem Krebstiere, zu fangen. Im Norden des Brutgebiets sind geeignete Brutplätze knapp und der Bruterfolg schwankend, da nur optimale Bedingungen die für das Überleben der Jungen notwendige Nahrungsmenge gewährleisten. Kann, wie viele andere Schnepfenvögel, gut schwimmen.

Kiebitz *Vanellus vanellus* 30 cm
Wirkt im Flug oben dunkel mit weißem Bürzel, unten weiß mit schwarzen Flügelrändern. Flügel rund, wirken an den Enden breiter als am Ansatz. Flügelschlag gemächlich. Von nahem erkennt man das schillernde Grün, die rostroten und schwarzen Abzeichen und die lange, aufwärtsgebogene Federholle. Jahresvogel in Nordwesteuropa, Sommergast im größten Teil von Skandinavien und in Osteuropa. Bewohnt offenes Gelände, ernährt sich vorwiegend von Insekten und anderen kleinen Wirbellosen, die er vom Boden aufpickt. Brütet, bevor der Boden austrocknet und den Jungen dadurch die Nahrungssuche erschwert. Altvögel verteidigen Nest und Junge, vertreiben Räuber mit Sturzangriffen und lauten „kie-wit"-Rufen. Tritt außerhalb der Brutzeit oft in großen Flügen auf; besonders im Westen und Süden erfolgt massenhafter Zuzug nach Frosteinbrüchen im Norden und Osten.

Moorschneehuhn *Lagopus lagopus* 38 – 41 cm
Gedrungen gebaut, mit breiten, runden Flügeln. Im Sommer Flügel ganz, Unterseite zum Teil weiß; im Winter bis auf den schwarzen Schwanz ganz weiß. Ruf laut, wie mechanisch, „kok-ok-ok". Fliegt gewöhnlich sehr niedrig, wobei Serien schneller, schwirrender Flügelschläge von Gleitflügen unterbrochen werden. Lebt in Nordskandinavien und der nördlichen Sowjetunion in der mit Weiden- und Birkengestrüpp oder Heidekraut bewachsenen Tundra. Abgebildet ist die Rasse der Britischen Inseln, das Schottische Moorschneehuhn, das das ganze Jahr über satt dunkelbraun ist, mit weißen Abzeichen auf den Unterflügeln. Es bewohnt Hoch- und Flachmoore und ernährt sich von den Sprossen des Heidekrauts. Das dem Moorschneehuhn ähnliche **Alpenschneehuhn,** *Lagopus mutus,* bewohnt Hochgebirge oberhalb der Waldgrenze, z. B. die Alpen, und die Tundra von Island bis Sibirien.

Birkhuhn *Lyrurus tetrix* ♂ 53 cm, ♀ 41 cm
Hahn blauschwarz mit leierförmigem Schwanz, zeigt im Flug weiße Flügelbinden; Henne grau mit schwach gegabeltem Schwanz; bei beiden Unterflügel zum großen Teil weiß. Hähne balzen gemeinsam mit hängenden Flügeln und gefächertem Schwanz unter lauten, kullernden Rufen. Die dominanten Hähne erobern Reviere im Herzen des Balzplatzes und paaren sich mit fast allen Hennen, denen allein Nestbau, Brut- und Jungenaufzucht überlassen bleiben. Birkwild liebt Moor- und Heideland am Rande von Nadel- und Birkenwald; junge Koniferenschonungen werden sehr geschätzt und haben in jüngster Zeit zur Ausbreitung der Art in Großbritannien beigetragen. Standvogel in Großbritannien, Skandinavien, Mittel- und Osteuropa; fehlt in Irland und fast ganz Frankreich sowie in Südeuropa.

Fasan *Phasianus colchicus* ♂ 66 – 89 cm, ♀ 53 – 63 cm
Allbekannt. Färbung und Zeichnung der Hähne variieren sehr, da seit der ersten Einbürgerung der Kaukasusrasse (zu unbekannter, jedenfalls sehr früher Zeit) verschiedene Rassen in Europa ausgesetzt worden sind, die sich miteinander vermischt haben. So haben viele Hähne weißen Halsring, manche sind blaß gelbbraun, andere tief dunkel blaugrün. Das Krähen des Hahnes, ein lautes „kochock" wird als Warnruf geradezu hysterisch wiederholt. Hennen sind im allgemeinen einförmig braun gesprenkelt und können in der Mauser, wie die kurzschwänzigen Jungen, oberflächlich Rebhühnern ähneln. In ganz Europa außer in Portugal und Nordskandinavien verbreitet. Fasanen übernachten aus Sicherheitsgründen auf Bäumen, ernähren sich aber auf dem Boden von jungen Pflanzentrieben, Beeren, Sämereien sowie Kleintieren und scharren dabei mit ihren starken Beinen und Füßen im Fallaub und in der oberen Bodenschicht.

Rebhuhn *Perdix perdix* 30 cm
Rundlich und hühnerähnlich. Hahn: Gesicht orange, Hals und Brust davon abstechend blaßgrau, Flanken zart kastanienbraun gebändert, auf dem Bauch ein großes braunes Hufeisen. Henne blasser; das Hufeisen fehlt zuweilen ganz, ebenso bei Jungvögeln. Lebt in Familienverbänden („Ketten"), im Winter zuweilen in größeren Scharen („Völkern"). Unauffällig; ruhig nahrungsuchende oder staubbadende Vögel werden leicht übersehen. Fliegt leichter auf als Rothuhn, mit lautem, schwirrendem Flügelschlag, gleitet dann eine Strecke weit auf leicht gesenkten Flügeln und fällt in sicherer Entfernung wieder ein. Ruf, ein kratzendes „kiw" oder „kirrik", ertönt vorwiegend morgens und abends. Lebt hauptsächlich auf Ackerland, wird aber in Gebieten intensiver moderner Landwirtschaft zunehmend seltener. Standvogel, in Europa weit verbreitet, fehlt nur im äußersten Süden (vor allem in Spanien) und Norden.

Rothuhn *Alectoris rufa* 34 cm
Hahn und Henne gleich: Gesicht weiß, Augenstreif und Kehle schwarz, Flanken kräftig gebändert. Jungvögel blasser, ungestreift. Wie andere Hühner an das Bodenleben angepaßt, mit starken Beinen und Füßen; Haltung aufrecht. Läuft bei Störungen schnell davon und verschwindet in der Deckung; fliegt nur dann auf, wenn die Gefahr zu nahe kommt, zeigt dann typischen Hühnerflug, bei dem schnelle Flügelschläge mit Gleitflug abwechseln. Flügel rund, braun. Ruf ein lautes „tschuk-ör". Urheimat vor allem Pyrenäenhalbinsel und Südfrankreich, in England eingebürgert. Das nahe verwandte **Steinhuhn,** *Alectoris graeca,* kommt von den Alpen bis Süditalien und Griechenland vor.

Ringeltaube *Columba palumbus* 41 cm
Auf dem Land und selbst in vielen Städten sehr häufig. Im Wald im allgemeinen sehr scheu und schwer zu beobachten, aber in der offenen Akkerbaulandschaft und im Flug oft gut zu sehen. Adulte Vögel am weißen Halsfleck und der weißen Binde am Flügelrand von anderen Tauben leicht zu unterscheiden. Jungvögel ohne Halsfleck, aber mit Flügelbinde. Flug gewöhnlich schnell und geradeaus gerichtet; beim Abflug verursachen die Flügel oft ein lautes Klatschen. Beim charakteristischen Balzflug fliegt das Männchen steil aufwärts, klatscht auf dem Gipfelpunkt mit den Flügeln und gleitet abwärts. Brütet in Waldungen. Balzruf fünfsilbig „kukúhku, kukuh". In ganz Europa mit Ausnahme von Nordskandinavien verbreitet; im Winter ziehen viele aus dem Norden und Osten nach Süden und Westen.

Hohltaube *Columba oenas* 33 cm
Kleiner und weniger häufig als Ringeltaube, ohne deren weiße Abzeichen und ohne die kräftigen, schwarzen Flügelbinden der Felsentaube. Zeigt im Flug deutlich dunkle Flügelspitzen und ganz grauen Rücken, während die Felsentaube einen weißen Bürzel hat. Jungvögeln fehlt der glänzende Halsfleck. Balzruf ein wiederholtes eintöniges „kú, ku". Höhlenbrüter, daher am häufigsten in Wäldern und Parks mit vielen alten Bäumen, nistet gelegentlich aber auch in Erdhöhlen, Felslöchern, Nischen in Gebäuden und an ähnlichen Stellen. Ernährt sich weitgehend von Sämereien und füttert die Jungen wie andere Tauben mit „Taubenmilch", einer leichtverdaulichen Absonderung der Kropfwände mit hohem Eiweiß- und Fettgehalt. Über fast ganz Europa mit Ausnahme von Nordskandinavien verbreitet, aber nur im Westen und Süden Standvogel.

Felsentaube *Columba livia* 33 cm
Unterscheidet sich von anderen Wildtauben durch doppelte schwarze Flügelbinde, weißen Bürzel und weiße Unterflügel. Bewohnt Felswände an der Küste und im Gebirge in Südeuropa und im Westen der Britischen Inseln, wo es auf den Shetlandinseln und in Westirland wahrscheinlich noch reinrassige, nicht mit Haustauben vermischte Wildvögel gibt. Die Felsentaube ist der Ahnherr der Haustauben, die verwildert in ganz Europa an Gebäuden und an Felsen brüten und in vielen Farbvarianten vorkommen: von ziegelrot über blau gescheckt bis schwarz oder weiß; doch sieht man oft Vögel mit allen Merkmalen der echten Felsentaube. Verzehrt vorwiegend Sämereien wie andere Tauben, und wilde wie verwilderte Vögel sammeln sich oft in großer Zahl auf Feldern zur Nahrungssuche.

Turteltaube *Streptopelia turtur* 27 cm
Leicht zu bestimmen, wenn man die besondere Flugweise kennt, die sie mit der Türkentaube gemeinsam hat, und die Unterschiede zwischen beiden Arten sehen kann. Eine kleine schlanke Taube; das auffälligste Bestimmungsmerkmal sind der graue Kopf und die warme Schildpattzeichnung der Oberseite. Im Flug sieht man, daß die Unterseite des ziemlich langen Schwanzes schwarz mit weißer Endbinde ist, während der Schwanz der Türkentaube mehr Weiß als Schwarz aufweist. Beide Arten fliegen mit scharf zurückgebogenen Flügeln und haben eine leicht zu erkennende zuckende Flugweise. Die Turteltaube liebt ziemlich offenes Wald- und Buschgelände und kommt bei der Nahrungssuche auf den Boden. Balzruf ist ein einschläferndes schnurrendes „turr, turr". Das Brutgebiet reicht im Norden bis England, Dänemark und Estland; verläßt Europa im Herbst.

Türkentaube *Streptopelia decaocto* 32 cm
Wirkt insgesamt fahlgrau oder cremefarben; Altvögel leicht am schwarzen Nackenband zu erkennen. Im Flug hebt sich das Schwarz der Flügelspitzen vom helleren Grau und Braun der übrigen Oberseite ab. Die Unterseite des Schwanzes ist weiß, am Grunde schwarz. Für Türken- und Turteltaube typisch ist der schnelle, geradeaus gerichtete, oft niedrige Flug mit scharf zurückgebogenen Flügelspitzen und zuckendem Flügelschlag. Balzruf ein wiederholtes, auf der zweiten Silbe betontes „ku-kuh, ku". Hat sich seit dem Beginn des Jahrhunderts in spektakulärer Weise vom äußersten Südosten über ganz Europa mit Ausnahme des größten Teils der Pyrenäenhalbinsel, Italiens, Skandinaviens und der Sowjetunion ausgebreitet. Jahresvogel. Eng an menschliche Siedlungen gebunden; an reichen Nahrungsquellen, z. B. Getreidesilos, erscheinen oft große Scharen.

Steinkauz *Athene noctua* 22 cm
Unterscheidet sich von unseren anderen häufigen Eulen durch geringe Größe und hüpfenden, fast spechtartigen Flug, Fehlen von Federohren und finstern Gesichtsausdruck. Teilweise tagaktiv, am ehesten auf einem Pfahl sitzend oder dicht an den Stamm eines Baumes gedrückt zu sehen. Sucht seine Nahrung (Würmer, Insekten und andere Wirbellose) weitgehend auf dem Boden. Standvogel in Europa bis nach England und zur Ostsee im Norden. In der südlichen Hälfte des Verbreitungsgebietes tritt die etwas kleinere **Zwergohreule**, *Otus scops*, die sich durch Federohren und weniger hüpfenden Flug unterscheidet, als Sommergast auf. In Mittel-, Nord- und Osteuropa brüten zwei andere kleine Eulen, der **Rauhfußkauz**, *Aegolius funereus*, und der **Sperlingskauz**, *Glaucidium passerinum*, die aber in dichten Nadelwäldern und nicht in der vom Steinkauz bevorzugten Ackerbaulandschaft mit offenen Wäldern vorkommen.

Schleiereule *Tyto alba* 34 cm
Gewöhnlich nur nachts zu sehen, als langflügliger blasser Schemen, der lautlos am Straßenrain entlang fliegt oder aufrecht sitzend den Beobachter mit dunklen Augen im herzförmigen Gesicht anstarrt. Jagt jedoch regelmäßig in der Dämmerung, und sogar tagsüber, wenn die Nahrung knapp ist oder wenn sie Junge zu füttern hat. Die westliche Rasse ist unterseits sehr blaß; die mittel-, nord- und osteuropäische Rasse ist viel dunkler. Zieht offenes Gelände, z. B. die Ackerbaulandschaft mit wenigen Bäumen, dem Waldland vor, das der Lebensraum des Waldkauzes ist. Ihr Ruf ist ein ersticktes Kreischen; am Schlaf- oder Nistplatz, oben in einer Scheune oder einem verlassenen Gebäude, sind oft auch zischende und schnarrende Geräusche zu hören. Standvogel in Europa nordwärts bis Schottland und zur Ostsee.

Sumpfohreule *Asio flammeus* 38 cm
Ein Vogel der offenen, baumlosen Landschaft (Moor, Tundra, Wattwiesen). Am häufigsten von allen Eulen bei Tage zu beobachten. Fliegt auf der Jagd gewöhnlich ziemlich niedrig und sucht dabei den Boden ab. Gleitet und schwebt auf langen Flügeln wie eine Weihe, zeigt aber auch einen langsam erscheinenden Flatterflug. Der dicke Eulenkopf und der kurze Schwanz verhindern die Verwechslung mit Taggreifen; ein weiteres Bestimmungsmerkmal sind die dunklen Flecken am Flügelbug. Die Federohren sind selten zu sehen. Die Zahl ist abhängig vom Vorhandensein ihrer Hauptbeute, den Nagetieren, und schwankt sehr. Standvogel im Westen ihres Verbreitungsgebietes von Island und Westfrankreich bis zur Ukraine; in Skandinavien und der nördlichen Sowjetunion vorwiegend Sommergast, der im Herbst nach Süden zieht. Im Winter überall auch in Mittel- und Südeuropa anzutreffen.

Waldkauz *Strix aluco* 38 cm
Im wesentlichen ein Nachtvogel des Laubwaldes, viel öfter zu hören als zu sehen. Am bekanntesten ist der tremulierende Balzruf „huhuhuh, huuuh"; auch ein scharfes „ki-wick". Ganz junge Vögel quietschen wie eine Tür. Ruht tagsüber in dichter Deckung (z. B. Efeu); wird dabei oft von Kleinvögeln verraten, die ihn belästigen. Färbung sehr veränderlich von grau bis dunkelbraun. Lebt vorwiegend von Kleinsäugern, greift aber auch schlafende Vögel. Als Waldbewohner, deren nächtlicher Jagderfolg auf genauer Ortskenntnis beruht, sind adulte Waldkäuze Standvögel; bei Jungvögeln ist die Sterblichkeitsrate hoch, bis sie ein unbesetztes Revier gefunden und genau kennengelernt haben. In fast ganz Europa (außer Irland) bis etwa zum 63. Breitengrad.

Rohrweihe *Circus aeruginosus* 48 – 56 cm
Alle Weihen jagen in langsamem Suchflug in geringer Höhe, indem sie in typischem „Gaukelflug" mit flach V-förmig über den Körper gehaltenen Flügeln dahingleiten. Hören auch sehr gut und können selbst in recht dichter Deckung Beute finden. Beim Rohrweihenmännchen sind Außenflügel und Schwanz blaugrau, Innenflügel und Rumpf braun, der Kopf hell. Weibchen und Jungvögel sind oben und unten dunkelbraun, meist mit rahmgelbem Kopf und hellen Schultern. Ernährt sich von kleinen bis mittelgroßen Tieren, z. B. Bläßhühnern, Wasserratten und Fröschen und jagt in sumpfigem Gelände. Nistet auf dem Boden, vorwiegend im Schilf. Manche Männchen sind polygam. In Europa nordwärts bis Südengland, Schweden und Finnland verbreitet; im Norden und Osten nur Sommergast. Bestand im westlichen Europa stark rückläufig.

Wiesenweihe *Circus pygargus* 41 – 46 cm
Kornweihe *Circus cyaneus* (nicht abgebildet) 43 – 51 cm
Männliche Wiesen- und Kornweihe hellgrau mit schwarzen Flügelspitzen; jedoch hat die Wiesenweihe eine schwarze Binde auf den Hinterflügeln, die Kornweihe einen weißen Bürzel. Weibchen beider Arten braun mit weißem Bürzel und gebändertem Schwanz; die schmaleren Flügel der Wiesenweihe sind nicht leicht zu erkennen. Beide Weihen brüten in Heide-, Moor- und Sumpfland sowie in Fichten- und Kiefernschonungen, wo sie reiche Beute (Reptilien, Vögel und Nager) finden. Die Kornweihe brütet zerstreut von Nordspanien und Südirland bis Norwegen und Finnland. Im westlichen Mitteleuropa sehr selten; in Nord- und Osteuropa brütende Vögel erscheinen auf dem Zuge vor allem in der Tiefebene. Die Wiesenweihe ist Sommergast von Spanien und England bis zum Finnischen Meerbusen.

Fischadler *Pandion haliaëtus* 51 – 58 cm
Die dunkelbraune Oberseite hebt sich stark von der vorwiegend weißen Unterseite ab; besonders fällt der weiße Kopf mit dem breiten dunklen Band vom Auge zur Schulter auf. Unterflügel hell mit dunklem Bugfleck. Flügel lang und schmal; die Flügelhaltung gleicht einem stark abgeflachten M. Brütet an Seen, langsam fließenden Flüssen und am Meer; lebt von Fischen. Diese fängt er, indem er ziemlich langsam niedrig über dem Wasser fliegt, kreist und rüttelt, wenn er eine Beute dicht unter der Oberfläche entdeckt und schließlich mit den Füßen zuerst ins Wasser stürzt, um sie mit den Fängen zu greifen. Biotop und Färbung machen Verwechslung mit Großmöwen möglich. Sommergast in Schottland, Skandinavien und östlich der Elbe, Jahresvogel an einigen Stellen im Mittelmeergebiet; tritt auf dem Zug überall in Mitteleuropa auf.

Steinadler *Aquila chrysaëtos* 75 – 88 cm
Adler und Bussarde sind oft schwierig anzusprechen. Alle haben hohe, miauende Rufe. Man sieht sie gewöhnlich aus großer Entfernung, wenn sie in charakteristischer Weise in aufsteigender Warmluft kreisen. Zu diesem Zweck haben sie alle breite Flügel und Schwänze entwickelt, so daß sie einander ähneln trotz einiger Unterschiede in Gestalt und Flugweise. Manchmal ist die Verbreitung eine Bestimmungshilfe. Der Steinadler ist riesig, mit besonders breiten Flügeln und breitem Schwanz. Jungvögel haben weiße Felder in Flügel und Schwanz, die mit zunehmendem Alter kleiner werden; Altvögel sind dunkelbraun mit goldgelbem Oberkopf. Großartiger Flieger. Kann mit ruhigem Flügelschlag mit eingeschobenen Gleitflugstrecken sehr schnell große Entfernungen zurücklegen. Stößt mit angelegten Flügeln auf seine Beute herab. Jagdrevier sehr groß. Erbeutet Vögel und mittelgroße Säugetiere, nimmt aber auch Aas. Jahresvogel in den Gebirgen Nordeuropas (Schottland und Skandinavien), Mitteleuropas (Alpen, Karpaten) und Südeuropas und in den Ebenen Osteuropas; Wintergast im übrigen Skandinavien.

Mäusebussard *Buteo buteo* 50 – 55 cm
Viel kleiner als Adler, aber in großen Teilen des Verbreitungsgebietes der größte Greifvogel. Färbung sehr variabel von fast weiß bis schwarzbraun, meist braun mit hellerer Unterseite. Schwanz relativ kurz. Ernährt sich von lebender Beute, vorwiegend großen Insekten und Säugetieren bis Kaninchengröße. In fast ganz Europa bis zum Polarkreis in den unterschiedlichsten Biotopen verbreitet und im allgemeinen häufig; in West-, Mittel- und Südeuropa Jahresvogel. Die schlankere, meist roströtlich gefärbte, nördliche und östliche Rasse, der **Falkenbussard**, *Buteo b. vulpinus*, kann in Mitteleuropa als Durchzügler und Wintergast auftreten. Der im hohen Norden brütende **Rauhfußbussard**, *Buteo lagopus*, überwintert in den Niederungen Großbritanniens, Mitteleuropas und Südskandinaviens. Meist heller als Mäusebussard, vor allem Kopf und Unterseite, mit dunklem Bugfleck, dunklem Bauch und schwarzer Schwanzendbinde. Rüttelt häufiger.
Der **Wespenbussard**, *Pernis apivorus*, 50 – 58 cm, wird oft mit dem Mäusebussard verwechselt. Färbung ebenfalls sehr variabel; dunkler Bugfleck bei beiden Arten häufig. Kopf klein, fast taubenartig, Schwanz relativ lang, oft mit zwei dunklen Binden an der Wurzel und einer breiten Endbinde, Flügel relativ lang, unterseits of längsgestreift. Brütet in Waldgebieten in fast ganz Europa; fehlt in Irland, sehr selten in Großbritannien und Norwegen. Ernährt sich vorwiegend von Wespenbrut, gräbt mit seinen starken Füßen die Nester aus. Sommervogel.

Rotmilan *Milvus milvus* 61 cm
Hell rötlich mit hellgrauem Kopf; zeigt im Flug große, helle Felder auf der Unterseite der Flügel vor den dunklen Flügelspitzen. Leichter Flug und charakteristisches Flugbild. Flügel lang und schmal, gewöhnlich angewinkelt. Schwanz lang, tief gegabelt, oft verdreht. Scheint viel stärker auf Luftströmungen zu reagieren als Mäusebussard. Erbeutet Kleintiere aller Art, geht auch an Aas. Liebt reich gegliederte Landschaften, brütet im Wald, jagt in offenem Gelände. Von den Kanaren bis zur Ostsee und zum Schwarzen Meer verbreitet, ferner in Wales und Südschweden; im Süden Jahresvogel, im Norden Zugvogel. Der weiter verbreitete **Schwarzmilan**, *Milvus migrans,* 56 cm, dunkler, mit seicht gegabeltem Schwanz ist stärker an Wasser gebunden.

Turmfalke *Falco tinnunculus* 34 cm
Alle Falken haben lange, spitze Flügel und, wie die meisten Greife, einen großen Kopf mit großen Augen zum Erspähen der Beute und einen starken Schnabel. Der Turmfalke ist der häufigste und verbreitetste europäische Falke. Das kontrastreich aschgrau und rotbraun gefärbte Männchen kann nur mit dem südeuropäischen **Rötelfalken**, *Falco naumanni,* verwechselt werden; die rotbraunen, kräftig gebänderten Weibchen und Jungvögel sind auf den ersten Blick eher zu verwechseln. Relativ langschwänzig. Das sicherste Kennzeichen ist die charakteristische Jagdmethode, das anhaltende Rütteln über offenem Gelände bei der Suche nach Mäusen und Insekten. Erbeutet auch Vögel, vor allem in Städten, wo er gelegentlich an Gebäuden brütet. Brütet sonst in Bäumen und an Felsen. Jahresvogel, in Nord- und Osteuropa Zugvogel.

Baumfalke *Falco subbuteo* 30 – 36 cm
Altvögel oberseits schiefergrau. Der von den weißen Wangen abstechende dunkle Bartstreif ist auch von weitem gut zu erkennen, während die rostroten „Hosen" und Unterschwanzdecken erst von nahem sichtbar sind. Jungvögel insgesamt bräunlicher, ohne Rostrot. Ernährt sich von großen Insekten und Kleinvögeln, die im Flug gefangen werden. Fliegt sehr schnell, erbeutet selbst Schwalben und Segler. Das Flugbild des am Himmel vorbeischießenden Baumfalken, mit langen, angewinkelten Flügeln und relativ kurzem Schwanz, erinnert in der Tat oft in erstaunlicher Weise an einen großen Segler. Liebt ziemlich offenes, parkähnliches Gelände; brütet meist in Wäldern, jagt oft über Feuchtgebieten. Sommervogel, nordwärts bis Südengland und Südskandinavien.

Wanderfalke *Falco peregrinus* 38 – 48 cm
Weibchen deutlich größer als Männchen, beide relativ breitflügliger und gedrungener als kleinere Falken. Oben dunkel blaugrau, unten fein quergebändert. Jungvögel dunkelbraun, unterseits längsgestreift. Erbeutet Vögel bis Tauben- und Entengröße. Wartet oft lange von einem Ansitz aus auf Beute, aber auch im Flug in großer Höhe, wobei er sich mit rasender Geschwindigkeit auf einen unter ihm fliegenden Vogel stürzt, ihm die Hinterkrallen in den Rücken schlägt, aufsteilt und die fallende Beute oft noch in der Luft erhascht. Brütet an Fdsen im Gebirge und an der See, aber auch auf Bäumen im Wald. Viele überwintern an der Küste, wo Strandvögel reiche Beute liefern. Früher in ganz Europa verbreitet, durch Verfolgung und Pestizide in weiten Gebieten ausgerottet; Hauptstützpunkt in Großbritannien, wo eine Erholung eingetreten ist.

Merlin *Falco columbarius* 27 – 32 cm
Kleinster europäischer Falke, ohne deutlichen Bartstreif. Männchen oben schiefergrau; unten beige mit dunklen Streifen. Weibchen deutlich größer, dunkelbraun, Schwanz kontrastreich gebändert; Jungvögel ähnlich. Bewohnt offenes, baumarmes Gelände (Heide, Moor, Tundra), benutzt Felsen oder Pfähle als Beobachtungsposten. Jagt gewöhnlich dicht über dem Boden, verfolgt Pieper und andere Kleinvögel, wirkt dabei sehr schnell und wendig. Brütet auf dem Boden oder in Bäumen; benutzt alte Nester anderer Vögel, wie alle Falken. Jahresvogel in geeigneten Biotopen auf den Britischen Inseln und in Island; Sommergast im Norden Skandinaviens und der Sowjetunion; im übrigen Europa nur Wintergast, vorwiegend im Tiefland an der Küste.

Sperber *Accipiter nisus* 28 – 38 cm
Im Gegensatz zu Falken sind Sperber und Habicht Greifvögel des Waldes. Langer Schwanz und runde Flügel befähigen sie zu schnellem, wendigem Flug in deckungsreichem Gelände. Die runden Flügel sind kein zuverlässiges Bestimmungsmerkmal, da alle Greifvögel die Flügelform je nach der Flugweise verändern können; dagegen ist der Biotop ein guter Hinweis, selbst bei flüchtiger Beobachtung. Sperbermännchen oben graublau, unten roströtlich quergewellt; Weibchen deutlich größer, oben graubraun, unten braun gebändert. Jungvögel ebenfalls braun, aber unten gefleckt. Das Weibchen erbeutet Vögel bis zu Drosselgröße, das Männchen vorwiegend Meisen und Finken. Früher in ganz Europa in wald- und gebüschreicher Landschaft verbreitet, seit einiger Zeit aus vielen Gebieten ganz verschwunden. Jahresvogel, außer im Norden Skandinaviens und der Sowjetunion.
Beim **Habicht**, *Accipiter gentilis*, sind die Geschlechter fast gleich gefärbt, ähnlich Sperberweibchen. Männchen etwas größer als Sperberweibchen, Weibchen bussardgroß. Schwanzende gerundet, beim Sperber gerade. Früher viel seltener als Sperber, hat sich aber besser gehalten.

Kuckuck *Cuculus canorus* 33 cm
Altvögel taubengrau, Weibchen selten rostbraun; Jungvögel grau oder rostbraun, mit weißem Nackenfleck. Kann auf den ersten Blick mit Sperber oder Turmfalk verwechselt werden, aber Schnabel länger, nicht krumm, Schwanz stark abgerundet, mit weißen Flecken. Flug und Verhalten charakteristisch: Flügelschlag schlaff, die spitzen Flügel werden nicht über den Rumpf gehoben und tief nach unten geschlagen; er sitzt gewöhnlich waagerecht, nicht aufrecht wie Greifvögel. „Kuk-kuh"-Ruf des Männchens allbekannt; ebenso kennzeichnend das Trillern des Weibchens und das heisere Fauchen beider Geschlechter. Brutschmarotzer: Das Weibchen legt seine Eier einzeln in die Nester von Kleinvögeln, z. B. Heckenbraunelle und Wiesenpieper; gleich nach dem Schlüpfen wirft der Jungkuckuck die anderen Eier oder Jungen hinaus und wird von den Pflegeeltern aufgezogen. Sommergast in ganz Europa außer Island in den verschiedensten Biotopen.

Nachtschwalbe, Ziegenmelker *Caprimulgus europaeus* 27 cm
Dämmerungs- und nachtaktiv; am bekanntesten der anhaltende, schnurrende Gesang, ähnlich dem des Feldschwirls, aber Tonhöhe plötzlich wechselnd. Flugruf ein nasales „ku-ik". Langflüglig und -schwänzig; Flugbild kuckucksähnlich, Flug gewandt, schwebend. Männchen mit weißen Flecken an den Schwanzenden und auf den Handschwingen. Bodenbrüter. Ruht bei Tage mit fast ganz geschlossenen Augen auf dem Boden, wo die Tarnfarbe des Gefieders mit dem Untergrund verschmilzt, oder auf einem Baum längs zum Ast, so daß er wie ein abgebrochener Zweig aussieht. Lebt von Insekten, vor allem Nachtschmetterlingen, die im Flug erbeutet werden. Lückenhaft über Europa bis Südnorwegen und Südfinnland verbreitet, in Moor und Heide und auf Waldlichtungen. Sommervogel.

Wendehals *Jynx torquilla* 16,5 cm
Heimlich, wird selbst dort, wo er nicht selten ist, leicht übersehen, aber bei einigermaßen guter Beobachtungsmöglichkeit kaum zu verwechseln. Sehr schön gefärbt in zarten, vornehmen Schattierungen von braun und graulila, oben dunkler, unten fein quergewellt. Das dunkle Längsband auf dem Rücken fällt besonders auf. Sträubt zuweilen die Scheitelfedern zu einer kurzen Haube. Ernährt sich vorwiegend von Ameisen, hüpft auf dem Boden mit erhobenem Schwanz, kann sich aber auch an Baumstämme hängen wie die Spechte, mit denen er verwandt ist. Verdreht oft den Kopf in seltsamer Weise. Sommervogel, vor allem in der Parklandschaft, in den meisten europäischen Ländern. Nicht in Nordskandinavien; in England sehr selten.

Grünspecht *Picus viridis* 32 cm
Scheu, wie alle Spechte, fliegt bei Annäherung lautlos ab oder verschwindet hinter einem Baumstamm. Macht sich oft zuerst durch sein gellendes „Gelächter" bemerkbar, oder man erhascht einen flüchtigen Anblick der grünen Flügel und des leuchtend gelben Bürzels des davonfliegenden Vogels. Hüpfender Flug, wie bei allen Spechten. Bewohnt Wald- und Parklandschaften aller Art (außer reinem Nadelwald) in ganz Europa außer Irland, Schottland und Nordskandinavien. Standvogel. Der nahe verwandte **Grauspecht,** *Picus canus,* ist Jahresvogel in einem breiten Gürtel, der sich von Mittelfrankreich ostwärts erstreckt, sowie in Mittelskandinavien. Kopf bei beiden Geschlechtern grau, Männchen mit rotem Stirnfleck.

Buntspecht *Dendrocopos major* 23 cm
Schwarz-weiß mit roten Unterschwanzdecken; Männchen mit kleinem, rotem Genickfleck, Jungvögel mit rotem Scheitel. Auf dem Rücken beiderseits ein großer weißer Fleck am Flügelansatz. Verrät sich bei der Nahrungssuche in den Baumkronen oft zuerst durch das Hämmern oder durch den Ruf, ein scharfes „tschick". Trommelt im Frühjahr — statt eines Gesangs — an einem toten Ast, der als Resonanzboden dient; jeder Wirbel dauert etwa 1 sec. Ernährt sich von Insekten, die auf und unter der Baumrinde leben, und von Koniferensamen. Bewohnt Wald- und Parklandschaften aller Art in ganz Europa, ausgenommen Irland und den hohen Norden. Jahresvogel.
Der kleinere **Mittelspecht,** *Dendrocopos medius,* mit rotem Scheitel, bewohnt Laubwälder im mittleren Europa.

Kleinspecht *Dendrocopos minor* 14,5 cm
Spatzengroß, sucht seine Nahrung in den obersten Zweigen und wird leicht übersehen. Männchen mit hellrotem Scheitel, Weibchen rein schwarz-weiß. Rücken und Flügel quergebändert, ohne die großen, weißen Schulterflecken des Buntspechts. Trommelt im Frühjahr weniger laut als dieser, aber jeder Wirbel mit 10 – 20 Schlägen dauert etwa 2 sec. Bewohnt offenen Laubwald und Parks mit alten Bäumen, Obstgärten und Erlenbestände an Flüssen, oft zusammen mit dem Buntspecht; da sie ihre Nahrung in verschiedenen Bezirken des Baumes suchen, entsteht keine Konkurrenz. Die Nisthöhle wird gewöhnlich in einen Ast geschlagen, nicht in den Stamm, wie bei anderen Spechten. Als Jahresvogel in Europa weitverbreitet, fehlt in Irland und Schottland.

Pirol *Oriolus oriolus* 24 cm
Männchen unverkennbar, goldgelb, Flügel und Oberschwanz schwarz. Weibchen und Jungvögel oben gelblichgrün, unten hell gestreift, Flügel und Schwanz dunkel; können unter Umständen mit Grünspecht verwechselt werden, zumal der Flug bei beiden Arten wellenförmig ist. Trotz seiner Buntheit ist das Männchen in den Baumkronen oft ebenso schwer zu sehen wie das besser getarnte Weibchen; beide sind sehr heimlich und verraten ihre Anwesenheit nur durch den Flötenruf des Männchens („düdelüoh") oder durch katzenartiges Kreischen. Brütet vorwiegend in Laubwald und Parks. Ernährt sich von großen Insekten und Früchten, kommt selten auf den Boden. Sommervogel, auf den Britischen Inseln und in Skandinavien sehr selten.

Wiedehopf *Upupa epops* 28 cm
Kopf und Rumpf orangebräunlich; Flügel, Rücken und Schwanz schwarz-weiß. Erscheint in schmetterlingshaftem Flug vorwiegend schwarz-weiß gebändert. Haube oft zusammengelegt. Wird trotz seiner charakteristischen Erscheinung gelegentlich mit dem entfernt ähnlich gefärbten Eichelhäher verwechselt, dessen Flügel aber viel weniger Weiß zeigen und längst nicht so breit und rund sind. Ruf ein leises, aber weittragendes „hup-hup-hup". Ernährt sich hauptsächlich von Insekten und anderen Wirbellosen, die er mit seinem langen Schnabel aus dem Boden zieht. Höhlenbrüter in offener Wald- und Parklandschaft. Liebt Wärme und Trockenheit. Zugvogel, in Südeuropa recht häufig, im Nordwesten und Norden sehr selten.

Eichelhäher *Garrulus glandarius* 34 cm
Vorwiegend Waldbewohner und sehr vorsichtig, daher nicht leicht gut zu beobachten. Der scheltende Warnruf klingt wie reißendes Leinen. Meist sieht man einen mittelgroßen, rötlichbraunen Vogel mit dunklen Flügeln, dunklem Schwanz und auffallendem weißem Bürzel durch die Baumkronen davonhuschen. Gelegentlich sieht man ihn auch schwerfällig mit mattem, unregelmäßigem Flügelschlag von einem Waldstück zum anderen fliegen. Die blauen Federn im Flügel fallen im Sitzen am meisten auf. Ernährt sich von Insekten, Früchten, Eiern und Nestlingen. Versteckt im Herbst Eicheln, die er nicht alle wiederfindet und trägt so zur Verjüngung des Eichenwaldes bei. Jahresvogel in fast ganz Europa.

Kolkrabe *Corvus corax* 64 cm
Nicht immer leicht von der Rabenkrähe zu unterscheiden. Bussardgroß, was aber von weitem nicht immer zu erkennen ist. Man achte auf den klotzigen Schnabel, den großen, im Flug weit vorragenden Kopf und den langen, keilförmigen Schwanz. Flügel lang und relativ schmal, so daß das Flugbild oft einem Kreuz gleicht. Hervorragender Kunstflieger, führt Überschläge und Sturzflüge aus, oft anscheinend nur zum Spaß. Gewöhnlicher Ruf ein tiefes, krächzendes „pro-ak". Sehr breites Nahrungsspektrum; in fast allen Biotopen zu Hause. Ursprünglich Jahresvogel in ganz Europa, aber heute aufgrund starker Verfolgung lückenhaft verbreitet; fehlt im größten Teil von Frankreich und Mitteleuropa und im Tiefland der Britischen Inseln.

Rabenkrähe, Aaskrähe *Corvus corone* 47 cm
In zwei verschiedenen Formen in fast allen Lebensräumen in ganz Europa verbreitet. Im größten Teil Westeuropas brütet die ganz schwarze Rabenkrähe, die sich vom Kolkraben durch geringe Größe und weniger starken Schnabel, von der adulten Saatkrähe durch Fehlen des weißen Gesichtsflecks und der „Pluderhosen" unterscheidet. Sie ist auch viel weniger gesellig als diese und tritt meist nur im Winter am Schlafplatz und an Müllkippen in größerer Zahl auf. In Irland, Schottland, Skandinavien, Italien und östlich der Elbe wird sie durch die Nebelkrähe ersetzt, die einen grauen Rumpf hat, während Kopf, Flügel und Schwanz schwarz sind. Im Grenzgebiet vermischen sich beide Formen. Nebelkrähen überwintern auch im nördlichen Teil des Verbreitungsgebietes der Rabenkrähe.

Saatkrähe *Corvus frugilegus* 46 cm
Von der gleichgroßen Rabenkrähe durch den weißen Gesichtsfleck der Altvögel und die stark befiederten Schenkel unterschieden. Verfügt außer über das bekannte heisere Krächzen über verschiedene hohe, möwenähnliche Rufe. Tritt gewöhnlich in Gruppen auf, die gemeinsam brüten und Nahrung suchen. Brutkolonien werden mit Vorliebe in den Kronen alter Bäume angelegt, und die Vögel kehren Jahr für Jahr zum selben Platz zurück, wenn sie nicht ernstlich verfolgt werden. Bildet im Winter mit Dohlen große Verbände, die gemeinsam sichere Schlafplätze benutzen. Ernährt sich vorwiegend von Würmern, Insekten und anderen bodenbewohnenden Wirbellosen, ist daher stärker an die Ackerbaulandschaft und weichen Boden gebunden als die Rabenkrähe. Von Irland und Westfrankreich ostwärts weit verbreitet, fehlt aber in Skandinavien weitgehend. Zugvogel in Gebieten, wo der Boden gefriert, sonst Jahresvogel.

Dohle *Corvus monedula* 33 cm
Wesentlich kleiner als Aas- und Saatkrähe; grauer Nacken meist deutlich zu sehen. Flügelschlag rascher als bei den größeren Verwandten. Stimme höher, Ruf kürzer, wie „tschack" und „kau". Brütet in Höhlungen in alten Bäumen, Felsen, Gebäuden, Ruinen und in Schornsteinen meist in Kolonien. Bildet wie die Saatkrähe große Verbände am Futter- und am winterlichen Schlafplatz. Breites Nahrungsspektrum. Bewohnt ziemlich offenes Gelände, bevorzugt — wie die Saatkrähe — Weideland, wo sie mehr große bodenbewohnende Insekten und andere Wirbellose findet als im Ackerland. In ganz Europa bis nach Skandinavien weitverbreitet. Standvogel, nur am Nordrand des Verbreitungsgebietes Zugvogel.

Elster *Pica pica* 46 cm
Unverwechselbar. Von nahem sieht man, daß das scheinbar schwarze Gefieder tatsächlich eine Mischung aus metallischen Blau- und Grüntönen ist. Sehr vorsichtig und trotz ihrer auffälligen Erscheinung mitunter erstaunlich schwer zu beobachten; verschwindet bei Annäherung geschickt in der Deckung. So gelingt es ihr, selbst in unmittelbarer Nachbarschaft zu menschlichen Siedlungen zu überleben. Breites Nahrungsspektrum, wie bei den meisten Krähenvögeln; geschickter Nesträuber. Gewöhnlicher Ruf ein schnelles, rauhes, ratterndes „schak-schak-schak-schak". Baut große, überdachte Nester aus Dornen und Zweigen in hohen Bäumen, aber auch in Büschen. Standvogel in ganz Europa außer Nordschottland und Island.

Mauersegler *Apus apus* 16,5 cm
Fast ausschließlich Bewohner des Luftreichs, das er nur zum Brüten und zur Aufzucht der Jungen verläßt. Schläft anscheinend meist im Fliegen, steigt dazu in der Abenddämmerung in große Höhen auf. Mit schmalen, zurückgebogenen Flügeln und stromlinienförmigem Rumpf an Dauerflug in Höchstgeschwindigkeit angepaßt. Gefieder fast schwarz mit kaum sichtbarem weißlichem Kehlfleck. Schwalben sind ähnlich gebaut, haben aber alle helle Unterseite, kürzere Flügel und langsameren Flug. Segler können nicht aufrecht sitzen, sondern klammern sich mit ihren bekrallten Zehen an senkrechte Wände und kriechen in geschützte Hohlräume von Kirchtürmen oder unter Dachziegeln, wo sie brüten. Bewohnt vornehmlich Städte, wo Gruppen von Mauerseglern mit schrillem Geschrei um die Gebäude schwirren. Ernährt sich von Insekten. Sommergast in ganz Europa mit Ausnahme des hohen Nordens.

Rauchschwalbe *Hirundo rustica* 19 cm
Schwalben sind schnelle Flieger, die von im Flug erbeuteten Insekten leben. Mit ihren langen, zurückgebogenen Flügeln haben sie eine oberflächliche Ähnlichkeit mit Seglern, sind aber nicht so vollkommen an das Leben im Luftraum angepaßt. Setzen sich gern; besonders vor dem Wegzug versammeln sie sich in aufgeregt zwitschernden Verbänden auf Leitungsdrähten. Rauchschwalben haben dunkelblauen Rücken, ziegelrotes Gesicht und vorwiegend helle Unterseite. Die charakteristischen Schwanzspieße der Altvögel fehlen den Jungen, die mit ihren kürzeren gegabelten Schwänzen mit Mehlschwalben verwechselt werden könnten. Das oben offene, aus Lehmkügelchen gemauerte Nest steht auf einer Unterlage unter einem schützenden Dach, fast immer in einem Gebäude (Scheune oder Stall). Jagt meist niedrig über offenem Gelände. Sommergast in ganz Europa mit Ausnahme des höchsten Nordens.

Mehlschwalbe *Delichon urbica* 12,5 cm
Kleiner als Rauchschwalbe, mit kürzeren Flügeln, ziemlich gedrungenem, zylindrischem Rumpf und kurzem, gegabeltem Schwanz ohne Schwanzspieße. Oberseite dunkel metallisch blau, Bürzel und Unterseite auffallend weiß. Das aus Lehmkügelchen gemauerte Nest ist bis auf ein kleines Flugloch oben völlig geschlossen. Manche brüten noch im ursprünglichen Nistbiotop unter Felsüberhängen und in offenen Höhlen, die meisten aber bauen heute ihr Nest im Dachwinkel der Häuser oder unter Brücken. Die Umstellung auf das Brüten an bzw. in Gebäuden muß bei beiden Schwalbenarten zu einer starken Zunahme geführt haben, da die Zahl der künstlichen Nistplätze die der natürlichen bei weitem übertrifft. Die Mehlschwalbe ist in stärkerem Maß als die Rauchschwalbe Koloniebrüter, und die Nester stehen oft Seite an Seite. Sommergast in ganz Europa.

Uferschwalbe *Riparia riparia* 12 cm
Oberseits einfarbig braun, unterseits weiß mit breitem braunem Brustband. Schwanz kurz, nur leicht eingekerbt. Wirkt viel kurzflügliger und weniger stromlinienförmig als andere Schwalben. Koloniebrüter; nistet in dicht beieinander liegenden selbstgegrabenen Höhlen in senkrechten Uferwänden oder Sand- bzw. Kiesgruben. Durch die Anlage solcher Gruben ist der Nistbiotop erheblich vergrößert worden, und obwohl die Nistplätze häufig zerstört werden, werden ohne weiteres neue angenommen. Da die Brutkolonien meist nahe am Wasser liegen, jagen Uferschwalben noch häufiger dort als andere Schwalben; im Herbst sieht man oft Rauch-, Mehl- und Uferschwalben in großer Zahl über Teichen und Seen. Vor dem Abflug im Herbst übernachten gern große Mengen gemeinsam im Schilf. Sommervogel in ganz Europa.

Raubwürger, Grauwürger Lanius excubitor 24 cm
Oben grau, Flügel und Schwanz schwarz-weiß. Schwarze Augenbinde. Jungvögel bräunlich. Bewohnt lichte Wälder oder offenes Gelände mit einzelnen Bäumen. Verzehrt große Insekten, Kleinsäuger und gelegentlich Kleinvögel. Von Spanien bis zur Arktis verbreitet, aber auf den Britischen Inseln und in Südskandinavien nur Wintergast; in Nordskandinavien nur Sommergast. Kann mit dem **Schwarzstirnwürger,** Lanius minor, 20 cm, verwechselt werden, der zur schwarzen Augenbinde ein schwarzes Stirnband hat und Sommervogel im südlichen Europa (außer Spanien), jedoch kurz- und rundflügliger und langschwänziger ist.

Rotrückenwürger, Neuntöter Lanius collurio 17 cm
Männchen unverkennbar, recht bunt, oben kastanienbraun, mit blaugrauem Kopf und Bürzel, breiter, schwarzer Augenbinde und schwarzem Schwanz; unten rötlichweiß. Weibchen viel schlichter gefärbt, oben einfarbig braun mit undeutlicher Augenbinde, unten hell mit zarter Sperberung. Jungvögel ähnlich, aber stärker gefleckt, können mit jungen Rotkopfwürgern verwechselt werden. Von allen ähnlichen Vögeln unterscheidet ihn und die anderen Würger der kräftige Hakenschnabel. Setzt sich wie seine Verwandten gern oben auf einen Busch oder auf einen freistehenden Zweig, um nach großen Insekten und kleinen Eidechsen Ausschau zu halten, die seine Hauptnahrung bilden. Früher häufiger Brutvogel in offenem Gelände mit Gebüsch und Hecken, in letzter Zeit recht selten geworden. Sommervogel von Nordspanien und dem Mittelmeer bis Südengland und Südskandinavien.

Rotkopfwürger Lanius senator 17 cm
Altvögel haben eine entfernte Ähnlichkeit mit (schwarz-weißen) Trauerschnäppern; sitzen wie diese gern frei; sind aber viel größer und haben eine rotbraune Kappe, einen weißen Bürzel und den typischen Hakenschnabel der Würger. Im Flug fallen die weißen Abzeichen auf den Flügeln, die weißen „Hosenträger" auf Schultern und Rücken, der weiße Bürzel und die weiße Umrandung des schwarzen Schwanzes auf. Jungvögel braun, zeigen aber andeutungsweise die gleiche Verteilung von Hell und Dunkel. Bewohnt lichte Wälder, offenes Gelände mit Gebüsch und Straßenränder, wo er von einem Baum oder Leitungsdraht nach Beute ausspähen kann — Kleintiere aller Art, die er meist vom Boden aufnimmt. Zugvogel vom Mittelmeergebiet bis fast zur Kanalküste und nach Norddeutschland hinein.

Eisvogel *Alcedo atthis* 16,5 cm
Wird trotz des herrlich bunten Gefieders — oben schillernd blau, unten lebhaft rostrot — leicht übersehen, wenn er still dasitzt oder schnell dicht über dem Wasser geradeaus fliegt. Ruft glücklicherweise recht häufig, und das schrille „tschih" meldet den vorbeifliegenden blauen Blitz an. Das Nest wird am Ende eines Tunnels angelegt, der von beiden Altvögeln in einer Steilwand, nicht immer am Wasser, ausgegraben wird. Brutvogel in ganz Europa bis Südschottland, Südschweden und zum Finnischen Meerbusen. Ernährt sich von Fischchen und Kaulquappen, die durch Tauchen erbeutet werden, gewöhnlich von einem Ansitz aus; rüttelt aber auch. Bewohnt Süßwasserbiotope aller Art; im Winter auch an der Küste. Bei lang anhaltenden Frostperioden, die ihnen das Tauchen unmöglich machen, verhungern viele.

Wasseramsel *Cinclus cinclus* 18 cm
Dick und kurzschwänzig, oben schwärzlich mit weißer Brust. Jungvögel oben schiefergrau, unten grau und weiß geschuppt. Durch Gestalt, Aufenthalt und Verhalten eindeutig bestimmt. Hat sich einem von keinem anderen Vogel genutzten Biotop angepaßt, dem Bett klarer, schnell fließender Bäche. Schwimmt und taucht gut, läuft auf dem Grund und sucht an und unter Steinen nach allerlei kleinem Getier, meist Insektenlarven, aber auch Wasserschnecken, Kaulquappen und Fischbrut. Fliegt schnell und niedrig, folgt dabei meist dem Bachlauf; man sieht sie am ehesten auf einem Stein sitzen, wo sie vor dem Hintergrund von dunklen Kieseln und weißem Gischt gut getarnt ist. Jahresvogel in fast ganz Europa, aus Mangel an geeigneten Biotopen selten im Tiefland.

Seidenschwanz *Bombycilla garrulus* 18 cm
Von nahem unverkennbar, sieht aber im Flug verblüffend starenähnlich aus. Jungvögel viel brauner, ohne bunte Abzeichen und unten gestreift, aber von gleicher unverwechselbarer Gestalt. Brütet in der Taiga. Jahresvogel. Ein Teil der nordskandinavischen Population zieht in jedem Winter nach Südwesten, einige bis zu den Britischen Inseln. Von Zeit zu Zeit findet eine Bevölkerungsexplosion statt; dann erscheinen Seidenschwänze zahlreich an Orten, wo sie seit Jahren nicht beobachtet worden sind. Ernährt sich im Überwinterungsgebiet ausschließlich von Beeren und Früchten und besucht Weißdornhecken, Ziersträucher und Obstgärten mit übriggebliebenen Äpfeln. Überraschend gewandt für einen so stämmigen Vogel, hängt bei der Nahrungssuche ohne Schwierigkeit kopfüber. Sehr vertraut.

Misteldrossel *Turdus viscivorus* 27 cm
Unsere größte Drossel, der Singdrossel ähnlich, aber bedeutend größer, unten kräftiger gefleckt, oben durchweg heller mit grauem Anflug. Flug abwechselnd flatternd und gleitend wie bei der Wacholderdrossel, aber mehr wellenförmig; Unterflügel ähnlich hell, aber Flug- und Warnruf ganz anders, schnarrend und rasselnd. Singt gewöhnlich von einem Baumwipfel aus laut und schallend, weniger weich als Amsel, nicht so wiederholend wie Singdrossel. Einer der ersten Sänger im Frühjahr. Ursprünglich Waldvogel, bewohnt jetzt auch offene Landschaften und Orte mit einzelnen hohen Bäumen. Im Spätsommer in Familienverbänden, bildet aber im Winter selten größere Schwärme. Bewohnt fast ganz Europa außer Island und Norwegen; meist Jahresvogel, in Nordeuropa Zugvogel.

Singdrossel *Turdus philomelos* 23 cm
Männchen und Weibchen gleich, wie bei den anderen europäischen Drosseln mit Ausnahme von Amsel und Ringdrossel. Kleiner als Misteldrossel, oben wärmer braun, unten weniger grob gefleckt. Unterflügel beigeorange, wirkt oft recht hell, aber nie so kräftig ziegelrot wie bei der Rotdrossel. Flug geradeaus mit ständigem Flügelschlagen wie bei der Rotdrossel, aber anders als bei Mistel- und Wacholderdrossel. Gesang wohllautend, mit vielen verschiedenen, ein- bis dreisilbigen Motiven, die jeweils mehrmals wiederholt werden. Warnruf ein gereihtes, gackerndes Zetern, ähnlich dem der Amsel. Ursprünglich Waldvogel, jetzt in großen Teilen Europas auch in offener Landschaft mit Hecken und in Gärten innerhalb von Siedlungen. Westlich und südlich von Deutschland Jahresvogel, sonst Zugvogel.

Rotdrossel *Turdus iliacus* 21 cm
Meist leicht anzusprechen. Die hellen Gesichtsstreifen heben sich vom dunkelbraunen Kopf ab, und die ziegelroten Flanken und Unterflügel sind im Sitzen wie im Fliegen sichtbar. Singt nicht so gut wie Singdrossel. Flugruf ein dünnes, lispelndes „zieh", oft nachts von unsichtbar vorüberziehenden Schwärmen zu hören. Brütet in Island, Skandinavien und der nördlichen Sowjetunion, seit kurzem auch in Schottland; gewöhnlich in lichten Wäldern. Ersetzt im Norden die Singdrossel als Gartenvogel. Überwintert von Südnorwegen und Schottland bis zum Mittelmeer, vorwiegend in offenem Kulturland, und ernährt sich besonders von Beeren.

Wacholderdrossel *Turdus pilaris* 25,5 cm
Eine große Drossel mit kennzeichnendem grauem Kopf und Rumpf, dunklem Schwanz und warm braunem Rücken. Charakteristischer Flug, wie bei der Misteldrossel: schließt nach mehreren Flügelschlägen kurz die Flügel und schießt vorwärts, ehe sie wieder mit den Flügeln schlägt; Flug trotzdem nicht merklich wellenförmig, sondern kraftvoll und geradeaus. Flugruf ein lautes, wiederholtes „tschak, tschak". Brütet in Kolonien in parkähnlichem Gelände in Mittel-, Ost- und Nordeuropa; in Ausbreitung nach Westen begriffen (bis nach Ostfrankreich, Belgien und Großbritannien). Jahresvogel, im Osten und Norden Zugvogel; im Winter oft in großen Schwärmen in ganz Europa, sucht ihre Nahrung vorwiegend auf Wiesen und Feldern.

Amsel *Turdus merula* 25 cm
Männchen unverkennbar, einfarbig schwarz mit orange Schnabel und Augenring; wird dennoch häufig mit dem Star verwechselt, hat aber einen viel längeren Schwanz und hüpft (Star schreitet). Weibchen und Jungvögel brauner als andere Drosseln, oben dunkler, unten undeutlich gestrichelt. Gesang weich und fließend, ohne Wiederholungen. Fliegt aufgeschreckt mit hysterischem Gezeter ab; zur Warnung vor einem Feind und vor dem Schlafengehen ein wiederholtes, metallisches „tschink, tschink". Bewohnt die verschiedensten Biotope, vom Wald bis zur Großstadt; ernährt sich von allerlei Früchten und Wirbellosen. Jahresvogel in fast ganz Europa (im nördlichen Skandinavien Zugvogel).

Ringdrossel *Turdus torquatus* 24 cm
Ähnlich wie Amsel. Männchen mattschwarz mit weißem Brustschild und hellem Flügelfleck, Weibchen graubraun mit ähnlichen, aber matteren Abzeichen. Gesang sehr einfach, eine langsame Wiederholung von zwei bis drei Flötentönen, erstaunlich weittragend. Bewohnt leicht bewaldetes oder offenes, deckungsreiches Gelände (Moor und Heide) mit einzelnen Felsen oder Büschen im Gebirge von den Pyrenäen und den Alpen bis Schottland und Skandinavien (im Norden weniger hoch). Tritt auf dem Zug in Mitteleuropa auf, überwintert von Südfrankreich bis Nordafrika.

Star *Sturnus vulgaris* 21,5 cm
Gedrungen und kurzschwänzig, mit niedriger Stirn. Im Sommer Gefieder grün und purpurn schillernd, Schnabel gelb; im Winter bräunlicher mit zahlreichen weißen Flecken. Jungvögel mattbraun, ohne Flecken. „Watschelt" geschäftig. Charakteristisches, dreieckiges Flugbild. Der muntere Gesang ist ein Gemisch aus pfeifenden und schnalzenden Tönen und enthält viele Nachahmungen, an denen man manchmal erkennen kann, wo der Sänger überwintert hat. Brütet in Höhlungen in Bäumen, Felsen und Gebäuden. Sucht seine Nahrung auf Wiesen und Weiden; übernachtet im Winter in riesigen Schwärmen in Wäldern und Städten. Jahresvogel im westlichen Europa, im Norden und Osten Zugvogel. Wird in Spanien, Korsika, Sardinien und Sizilien durch den **Einfarbstar,** *Sturnus unicolor,* ersetzt.

Blaukehlchen *Luscinia svecica* 14 cm
Männchen in Nord- und Osteuropa mit rotem, in Süd- und Mitteleuropa mit weißem Fleck in der Mitte des blauen Kehllatzes; Weibchen gewöhnlich mit weißlicher Kehle und dunklem Brustband ähnlich wie Männchen. Beide Geschlechter mit auffallendem Augenstreif. Auch die gefleckten Jungvögel haben orange Schwanzwurzel (die man am besten im Flug sieht). Gestalt und Haltung ähnlich wie Rotkehlchen. Heimlich, sucht seine Nahrung im Dickicht am Boden, daher oft schwer zu sehen. Bewohnt Buschwerk in sumpfigem Gelände. Lückenhaft von Mittelspanien bis Osteuropa und in Nordskandinavien verbreitet. Zugvogel.

Rotkehlchen *Erithacus rubecula* 14 cm
Allbekannt, rundlich und rundköpfig, mit charakteristischer aufrechter Haltung, Kopf bei der Nahrungssuche oft forschend schief gehalten. Das Rot der Brust erstreckt sich bis zur Stirn, was bei keinem anderen europäischen Vogel der Fall ist. Jungvögel oben fleckig, unten braun geschuppt. Gesang eine anhaltende, wohllautende Folge von eigenartig gequetschten und trillernden Tönen; Ruf ein ebenso unverkennbares „Schnickern". Sucht seine Nahrung (Insekten und andere Wirbellose) am Boden. Ursprünglich Waldbewohner, jetzt in vielen Ländern häufiger Park- und Gartenvogel. Jahresvogel in fast ganz Europa, in Nord- und Osteuropa Zugvogel.

Gartenrotschwanz *Phoenicurus phoenicurus* 14 cm
Männchen im Prachtkleid auffallend bunt, mit roter Brust, schwarzem Gesicht, weißer Stirn und grauem Rücken. Der rostrote Schwanz zuckt ständig auf und ab. Männchen im Jugend- und Ruhekleid matter gefärbt; Weibchen und Jungvögel unauffällig, oben bräunlich, unten heller, ähnlich Nachtigall, aber Schwanz viel kräftiger rot. Bewohnt Laub- und Mischwald, Parks und Gärten; benötigt alte Laubbäume mit Höhlungen zum Nisten. Gesang leicht zu merken, ein hoher, gezogener Pfiff und zwei kurze, tiefe Töne, „hüi, tick-tick". Sommervogel in fast ganz Europa.

Hausrotschwanz *Phoenicurus ochruros* 14 cm
Schwanz rostrot wie beim Gartenrotschwanz, aber sonst viel dunkler, Männchen rußschwarz, meist mit weißem Flügelfleck; Weibchen und Jungvögel oben und unten ziemlich einheitlich graubraun, dunkler als beim Gartenrotschwanz. Beide Arten können auf dem Zug im gleichen Biotop auftreten, aber Brutbiotop ganz verschieden. Ursprünglich Felsbewohner im Mittelmeergebiet, hat dann Gebäude besiedelt und so sein Brutgebiet bis nach Dänemark, Südschweden und Südengland ausgedehnt. Jahresvogel in Südeuropa und Westfrankreich; weiter östlich Sommergast.

Nachtigall *Luscinia megarhynchos* 16,5 cm
Ziemlich einheitlich braun mit hellerer Unterseite; Schwanz rotbraun, nicht so rot wie bei den (kleineren) Rotschwänzen. Heimlich, nicht leicht zu beobachten, sucht ihre Nahrung und singt im Gebüsch. Gesang sehr voll und abwechslungsreich, mit einer Reihe charakteristischer Strophen, darunter ein sprudelndes „tschuck-tschuck-tschuck" und ein lang gedehntes „piuh", das im Crescendo zu einem hohen Schmettern anschwillt; Tag und Nacht zu hören. Bewohnt Gebüsch und unterholzreichen Wald. Sucht im Fallaub Insekten und andere Wirbellose; verzehrt im Herbst auch Beeren. Zugvogel, bis Südengland und Dänemark verbreitet. Wird weiter östlich und nördlich durch den sehr ähnlichen **Sprosser**, *Luscinia luscinia*, ersetzt.

Schwarzkehlchen *Saxicola torquata* 12,5 cm
Männchen durch schwarzen Kopf, weiße Halsseiten und rötliche Unterseite eindeutig gekennzeichnet; Weibchen und Jungvögel auf Kopf, Kinn und Rücken viel matter braun gesprenkelt, ohne den weißen Augenstreif und die orange Kehle des Braunkehlchens. Kurzschwänzig und rundköpfig, setzt sich gern oben auf Büsche und Zäune. Ruf ein wiederholtes Schackern, ähnlich wie bei anderen Schmätzern. Liebt Ödland, vor allem Heide- und Moorland mit einzelnen Büschen; oft am häufigsten in milden Küstenstrichen. Bewohnt Süd-, West- und Mitteleuropa; im Süden und äußersten Westen Jahresvogel, sonst Zugvogel.

Braunkehlchen *Saxicola rubetra* 12,5 cm
Männchen oben braun gefleckt, mit weißem Augenstreif und weißer Flügelbinde, unten blaß orange. Weibchen und Jungvögel matter gefärbt, können mit denen des Schwarzkehlchens verwechselt werden, die aber matter gefärbt sind, mit rötlich brauner Unterseite, keinen Augenstreif besitzen und entschieden rundköpfig wirken; Braunkehlchen haben außerdem immer weiße Flecken an den Schwanzseiten, die besonders beim Landen auffallen. Liebt Wiesenland, vor allem mit niedrigen Büschen, die als Singwarten dienen, nimmt aber auch mit hohen Stauden oder Zäunen vorlieb. Ständig in Bewegung; wegen des tickenden Rufs und der Vorliebe für auffällige Sitzplätze leicht zu beobachten. Lebt von Insekten. Sommervogel in fast ganz Europa von Nordspanien nordwärts; überwintert in Afrika.

Steinschmätzer *Oenanthe oenanthe* 14,5 cm
Oft fällt zuerst der weiße Bürzel auf, wenn der Steinschmätzer dicht über den Boden huscht, um sich aufrecht auf einen Stein oder Erdhügel zu setzen. Männchen mit grauem Rücken, schwarzem Wangenstreif und schwarzen Flügeln; Weibchen und Jungvögel insgesamt viel brauner, aber ebenfalls mit weißem Bürzel und schwarzem Schwanzende. Es gibt in Nordeuropa keine ähnliche Art. Bewohnt die offene Landschaft (Weideland, Heide, Moor, Tundra). Nistet in Höhlen in Felsen und Steinwällen, oft in Kaninchenbauen. Ruf ein kratzendes „tschak, tschak", dem manchmal ein Piepser vorangeht — „hüit-tschak-tschak". Sommervogel in geeigneten Biotopen im nördlichen Europa.

Grauschnäpper *Muscicapa striata* 14 cm
Geschlechter gleich, kleine graubraune Vögelchen mit dunkler Strichelung auf Kopf und Brust, die aber nicht immer gut zu sehen ist, da die Unterseite oft recht grau ist. An der sehr aufrechten Haltung und der charakteristischen Jagdweise sofort zu erkennen. Sitzt stets frei da, so daß er rundum gute Sicht hat; von seiner Warte aus fliegt er schnell aus, um vorüberfliegende Insekten zu erhaschen, und kehrt meist sofort zum Ausgangspunkt zurück. Andere Vögel tun das auch, aber keiner so regelmäßig, und sie benutzen selten einen festen Ansitz. Bewohnt lichte Wälder, Parks und Gärten. Sommervogel in ganz Europa.

Trauerschnäpper *Ficedula hypoleuca* 13 cm
Männchen im Prachtkleid unten weiß, oben schwarz mit großen, weißen Flügelflecken, weißen Schwanzseiten und kleinem, weißem Stirnfleck. Weibchen und Jungvögel viel schlichter, oben graubraun, unten heller, mit weißer Schwanz- und Flügelzeichnung; Männchen im Ruhekleid sowie fast alle Männchen in Mittel- und Osteuropa ähnlich, aber immer mit weißer Stirn. Aufrechte Haltung und Flugjagd vom Ansitz aus wie bei anderen Schnäppern; pickt auch Nahrung vom Boden und von Blättern auf. Sommervogel in offener Wald- und Parklandschaft von Spanien bis Nordrußland, fehlt in Irland, Südengland, Westfrankreich, Italien und Südosteuropa. Wird in Teilen von Mittel- und Südeuropa durch den **Halsbandschnäpper,** *Ficedula albicollis,* ersetzt, der weißen Halsring und weißen Bürzel hat.

Heckenbraunelle *Prunella modularis* 14,5 cm
Sehr unscheinbar, aber hübsch gezeichnet, Kopf und Kehle bleigrau, Rücken warm braun, wie die Seiten dunkel gestrichelt; Jungvögel ohne Grau, mit stärkerer Strichelung. Huscht meist auf dem Boden umher, wo sie winzige Tierchen und Samen aufpickt. Dieses Verhalten unterscheidet sie von Haussperlingsweibchen und jungen Rotkehlchen, die viel lebhafter wirken. Häufigster Ruf ein lautes, hohes „tsiep", das manchmal anhaltend wiederholt wird. Bewohnt unterholzreiche Wälder, Schonungen, Parks und Gärten. Jahresvogel im größten Teil von West- und Mitteleuropa. Sommergast in Nord- und Osteuropa.

Zaunkönig *Troglodytes troglodytes* 9,5 cm
Ein nahezu kugelrundes braunes Vögelchen mit fast immer gestelztem Schwänzchen und langem, dünnem Schnäbelchen. Schwirrender Flug, meist niedrig von einer Deckung zur anderen. Gesang bemerkenswert laut, lang und schnell, endet meist mit einem Triller; ferner ein schnarrender Alarmruf. Öfter zu hören als zu sehen, hält sich meist in dichter Deckung. Ernährt sich von allerlei kleinem Getier, vorwiegend Insekten. Weitverbreitet in Wäldern, Hecken, Heide, Moor, an Felsküsten und in Vorstadtgärten. Baut oben geschlossene Kugelnester, meist aus Moos, oft in Höhlungen, die im Winter als Schlafplatz benutzt werden, oft von mehreren gleichzeitig wegen der Wärme. Jahresvogel in ganz Europa mit Ausnahme von Nordskandinavien und der nördlichen Sowjetunion.

Kleiber *Sitta europaea* 14 cm
Rundlich und dickhalsig, mit sehr kurzem Schwanz; der Kopf verjüngt sich bis zum langen, starken und spitzen Schnabel. Der einzige Vogel, der an Baumstämmen kopfabwärts klettern kann. Oberseite graublau mit kräftigem, schwarzem Augenstreif, Unterseite variiert von weiß im Norden bis kräftig orangebraun im Westen und Süden. Gesang ein schnell wiederholtes Pfeifen „pih, pih, pih...". Bewohnt Laub- und Mischwälder, nistet in Baumhöhlen, deren Eingang er bis auf ein Schlupfloch verklebt. Ernährt sich von Insekten, Spinnen und anderen Kleintieren, die er mit dem Schnabel aus ihren Verstecken in der Rinde holt sowie von Früchten und von Nüssen, die er in Spalten klemmt und aufhämmert; kommt gelegentlich zur Nahrungssuche auf den Boden. Jahresvogel in ganz Europa außer in Irland, Schottland, Nordskandinavien und Nordrußland.

Waldbaumläufer *Certhia familiaris* 12,5 cm
Gartenbaumläufer *Certhia brachydactyla* (nicht abgebildet) 12,5 cm
Mausähnliche Vögelchen, die in Spiralen an einem Baumstamm emporhüpfen und dieses Spiel vom Fuß eines anderen Baumes aus wiederholen; dabei dient der steife Schwanz als Stütze. Mit dem dünnen, gebogenen Schnabel stochern sie in Rindenspalten nach winzigen Insekten. Die beiden Arten sind sehr ähnlich, oben braun, unten weißlich und am besten am Gesang zu unterscheiden: Der Waldbaumläufer ruft hoch und dünn „srih" und hat einen längeren Gesang aus lockrufähnlichen Tönen mit einem blaumeisenähnlichen Schlußtriller; der Gartenbaumläufer ruft laut „ti, ti..." und singt kürzer und kräftiger „zit, zit, zitteroiti". Der Gartenbaumläufer bewohnt Mittel- und Südeuropa, der Waldbaumläufer Nordeuropa einschließlich der Britischen Inseln und große Teile Mittel- und Osteuropas. Wo beide im selben Gebiet vorkommen, bevorzugt der Gartenbaumläufer Laubwald und tiefere Lagen, der Waldbaumläufer Nadelwald und höhere Lagen.

Kohlmeise *Parus major* 14 cm
Am schwarzen Kopf mit auffallend weißen Wangen und an der gelben, durch einen schwarzen Streifen vom Kinn bis zum Schwanz geteilten Unterseite leicht zu erkennen, selbst im Flug. Jungvögel bräunlicher und gelblicher. Stimme sehr abwechslungsreich, am bekanntesten ein lautes „zizidäh...", auch ein buchfinkenähnliches „pink". Häufig in Wäldern (außer in reinem Nadelwald), Parks und Gärten; Höhlenbrüter. Verzehrt, wie alle Meisen, große Mengen von Insekten, aber auch Sämereien. Sucht Nahrung vorwiegend in Bäumen, aber auch am Boden. Jahresvogel in ganz Europa.

Blaumeise *Parus caeruleus* 11,5 cm
Im Frühjahr unverwechselbar leuchtend blau-gelb, am Ende der Brutzeit verwaschener; Jungvögel matter grünlichgelb. Gesang ein helles „zissississirrrr"; Warnruf ein zeterndes „zerretetet". Sehr gewandt, wie alle Meisen; hängt sich bei der Suche nach Insekten, Spinnen, Knospen und Sämereien mühelos kopfüber an die Zweige; kommt im Gegensatz zur Kohlmeise selten auf den Boden. Im Winter oft zusammen mit anderen Meisen in gemischten Verbänden, die geschäftig die sonst fast leeren Wälder durchziehen, wobei ihnen die vereinte Wachsamkeit zusätzlichen Schutz gegen Feinde, z. B. Sperber, gibt. Vorkommen wie Kohlmeise in ganz Europa, nordwärts bis Südskandinavien.

Schwanzmeise *Aegithalos caudatus* 14 cm
Leicht zu erkennen, rosig weiß und schwarz, Schwanz länger als Kopf und Rumpf; im Norden und Osten mit rein weißem Kopf. Tritt außerhalb der Brutzeit meist in Familienverbänden oder kleinen Trupps auf; der häufigste Ruf, ein leises, schnurrendes, in kurzen Abständen wiederholtes „zerr", das ihre Ankunft meldet, dient dem Zusammenhalt der Gruppe. Brütet früh im Jahr, baut ein ovales Nest mit seitlichem Eingang, meist ziemlich niedrig in Gebüsch oder Dornen. Bringt bis zu 12 Junge hervor, aber viele Bruten gehen verloren, und die Sterblichkeitsrate der Jungvögel ist hoch. Bewohnt Wälder mit Unterholz und Parklandschaft mit Gebüsch. Jahresvogel in ganz Europa außer dem hohen Norden.

Tannenmeise *Parus ater* 11,5 cm
Grauer als Sumpf- und Weidenmeise, mit zwei deutlichen Flügelbinden. Das Schwarz des Scheitels reicht weiter hinunter und rahmt oft die Wange ein, so daß sie manchmal wie eine kleine mattgefärbte Kohlmeise aussieht. Das beste Kennzeichen ist der ausgedehnte weiße (bei manchen Rassen und Jungvögeln gelbliche) Nackenfleck. Rufe verschiedenartig, oft dünn und piepsig wie bei Goldhähnchen; Gesang kohlmeisenähnlich, aber höher und dünner, ein wiederholtes „wize-wize-wize". Bewohnt vorwiegend Nadelwald, aber auch Mischwald und Parks. Sucht zwischen den Nadeln nach kleinen Insekten und kann mit ihrem relativ langen und dünnen Schnabel auch Samen aus reifen Zapfen herausholen. Jahresvogel in Europa nordwärts bis Mittelskandinavien.

Haubenmeise *Parus cristatus* 11,5 cm
Das schwarz-weiße Häubchen ist das auffälligste Kennzeichen; wenn dieses Vögelchen in den Baumkronen nicht sichtbar ist, sichert die Verbindung von brauner Oberseite und weißer Wange mit schwarzer V-Zeichnung die Bestimmung ebenso wie der Ruf, ein gurrender Triller „zi-gürr". Weitgehend auf alten Nadelwald beschränkt, wo sie sich wie die Tannenmeise von Insekten und Samen ernährt. Die Nisthöhle wird meist vom Weibchen in morsches Holz geschlagen, wie bei der Weidenmeise; benutzt aber auch natürliche Höhlungen. Vorwiegend Jahresvogel. Bewohnt fast ganz Europa; fehlt in Italien, Nordskandinavien und auf den Britischen Inseln (mit Ausnahme eines kleinen Gebiets in Schottland).

Sumpfmeise *Parus palustris* 11,5 cm
Weidenmeise *Parus montanus* (nicht abgebildet) 11,5 cm
Sehr schwer zu unterscheiden, mit schwarzem Scheitel und Lätzchen; Wangen und Unterseite weißlich, Rücken und Schwanz hellbraun. Die Weidenmeise hat einen hellen Längsstreifen auf dem Flügel. Das sicherste Unterscheidungsmerkmal ist die Stimme. Die Sumpfmeise ruft „zizi-de-de-de" und singt klappernd „zje-zje-zje..."; die Weidenmeise ruft „däh, däh" und hat einen hellen Balzpfiff „tjü-tjü-tjü-tjü...". Beide bewohnen Laub- und Mischwald, die Weidenmeise mit Vorliebe in Wassernähe, und sind über den größten Teil von Europa mit Ausnahme von Spanien, Irland und Schottland verbreitet, doch geht die Sumpfmeise in Skandinavien nicht so weit nach Norden.

Mönchsgrasmücke *Sylvia atricapilla* 14 cm
Oben graubraun, unten heller, Männchen mit schwarzem, Weibchen mit rotbraunem Scheitel; Männchen oberflächlich einer Sumpf- oder Weidenmeise ähnlich, aber länger und schlanker, ohne weiße Wangen und schwarzes Lätzchen. Der wohllautende Gesang ist nicht immer leicht von dem der Gartengrasmücke zu unterscheiden; er besteht meist aus einem leiseren, abwechslungsreichen, zwitschernden Vorgesang und einem lauten, jubelnden „Überschlag". Beide Arten bewohnen ähnliche Biotope, doch zieht die Mönchsgrasmücke offeneres Gelände mit höheren Bäumen und weniger dichtem Unterholz vor und sucht ihre Nahrung hoch oben in den Kronen. Sie ernährt sich vorwiegend von Insekten, nimmt aber im Spätsommer auch gern Beeren und Früchte. Jahresvogel in Süd-, zum Teil auch in Westeuropa, im übrigen Europa Sommergast. Fehlt in Nordskandinavien und Schottland; in Irland sehr selten.

Gartengrasmücke *Sylvia borin* 14 cm
Oben einfarbig braungrau, unten etwas heller; das beste Bestimmungsmerkmal ist das Fehlen aller auffälligen Kennzeichen. Kopf rund, mit großen dunklen Augen. Gesang ein wohllautendes musikalisches Zwitschern, ähnlich dem der Mönchsgrasmücke, aber anhaltender und ohne Überschlag. Bewohnt unterholzreiche Wälder, auch Kiefern- und Tannenschonungen, seltener Gärten, bewegt sich unauffällig im Dickicht. Ernährt sich von Insekten, die sie von den Blättern pickt; nimmt auch Beeren. Sommervogel; bewohnt ganz Europa mit Ausnahme des Mittelmeergebiets (in Irland und Schottland sehr selten).

Dorngrasmücke *Sylvia communis* 14 cm
Männchen mit ziemlich spitzem grauem Oberkopf und grauen Wangen, die sich scharf von der weißen Kehle abheben. Rücken braun, Unterseite hell. Beim Weibchen sind Kopf und Wangen brauner, mit ebenso abstechendem Kehlfleck. Gesang ein kurzer Wirbel, oft im Singflug von einem Busch zum anderen. Bewohnt ziemlich offenes Gelände mit Gebüsch. Kann mit der
Klappergrasmücke, *Sylvia curruca* (13,5 cm) verwechselt werden, die aber insgesamt grauer ist, mit besonders dunklen Wangen und ohne den rostbraunen Flügelfleck der Dorngrasmücke. Sie bewohnt ähnliches Gelände mit mehr Bäumen; Gesang ein tonloses Klappern. Beide Arten sind Sommervögel, die Dorngrasmücke in ganz Europa außer Nordskandinavien; die Klappergrasmücke fehlt außerdem in Schottland, Irland, Westfrankreich und im Mittelmeergebiet.

Teichrohrsänger Acrocephalus scirpaceus
Sumpfrohrsänger Acrocephalus palustris (nicht abgebildet)   12,5 cm
Gleich aussehend, oben braun, unten heller, mit hellem Brauenstreif, ohne andere Abzeichen. Gesang des Teichrohrsängers ähnlich dem des Drosselrohrsängers, aber schwächer, ein eintönig schwätzendes „terre-terre-terr"; Lied des Sumpfrohrsängers viel wohllautender, mit zahlreichen Nachahmungen. Der Teichrohrsänger brütet im Röhricht und hängt sein Nest an Schilfhalmen auf; der Sumpfrohrsänger nistet in dichtem Unkrautgestrüpp und in Getreidefeldern. Der Teichrohrsänger bewohnt ganz Europa nordwärts bis England und Südskandinavien; der Sumpfrohrsänger fehlt in Westfrankreich und im Mittelmeergebiet und ist in England und Skandinavien sehr selten. Der ähnliche, aber viel größere **Drosselrohrsänger,** Acreocephalus arundinaceus, 19 cm, brütet in ausgedehnten Schilfbeständen in ganz Europa südlich von Ärmelkanal, Nord- und Ostsee; sein Gesang ist laut, mit vielen krächzenden Tönen („Karrekiet"). Alle Rohrsänger sind Sommervögel.

Schilfrohrsänger Acrocephalus schoenobaenus   13 cm
Zu erkennen am auffallenden weißlichen Brauenstreif, der ihn sehr plattköpfig erscheinen läßt, an der kräftig gestreiften Oberseite und am ungestreiften rotbraunen Bürzel, der manchmal im Flug zu sehen ist. Gesang ein lautes, eiliges Geschwätz, das neben rauhen Schnarrlauten und wohlklingenden Tonfolgen Nachahmungen anderer Vogelstimmen enthält; wird auch im kurzen Singflug vorgetragen, der von der Spitze eines Busches ausgeht. Brütet in dichter Vegetation mit Gebüsch, meist in Wassernähe; fehlt im Mittelmeergebiet (außer Italien) und in weiten Teilen Skandinaviens.

Feldschwirl Locustella naevia   13 cm
Ziemlich eintönig olivbraun, oben und an den Seiten dunkel gestrichelt. Lebt dicht am Boden in dichter Vegetation, daher sehr schwer zu entdecken. Gesang charakteristisch, ein hohes, eintöniges Surren, ähnlich dem Aufspulen einer Angelrolle, meist mehrere Minuten lang ohne Unterbrechung vorgetragen; bei ruhigem Wetter sehr weit zu hören, dennoch schwer zu orten, da der Sänger ständig den Kopf dreht. Bevorzugt Wiesen, oft am Wasser, aber auch an trockenen Hängen, in der Heide und auf Lichtungen. Sommervogel in West- und Mitteleuropa.

Provencegrasmücke *Sylvia undata* 12,5 cm
Durch Gestalt und Verhalten gekennzeichnet. Klein, mit relativ großem Kopf, oft mit gesträubtem Scheitel und mit langem, meist gestelztem Schwanz. Oben dunkel graubraun mit weiß gesprenkelter Kehle; Männchen kräftiger gefärbt, Jungvögel brauner und kurzschwänziger. Bewohnt trockenes Busch- und Heideland, am liebsten mit Ginster und einzelnen Jungkiefern. Heimlich, zeigt sich selten. Lebt von kleinen Insekten und Spinnen. Gesang ähnlich Dorngrasmücke. Jahresvogel vom westlichen Mittelmeergebiet über Westfrankreich bis Südengland.

Wintergoldhähnchen *Regulus regulus* 9 cm
Ein winziges grünliches Vögelchen, mit doppelter Flügelbinde und beiderseits schwarz begrenztem, beim Männchen orange, beim Weibchen gelbem Scheitel, Jungvögel ohne Kopfzeichnung. Beim rastlosen Umherhuschen im Gezweig schwer zu beobachten. Der piepsige Gesang erinnert an ein kleines Karrenrad; der dünne Lockruf „zi-ssi-ssi" klingt ähnlich wie bei Baumläufern und Meisen. Lebt vor allem im Nadelwald, in manchen Gegenden auch im Laubwald. Jahresvogel im größten Teil Europas; im Mittelmeergebiet nur im Gebirge bzw. im Winter. Das **Sommergoldhähnchen,** *Regulus ignicapillus,* hat zusätzlich einen weißen Brauen- und einen schwarzen Augenstreif und ist weniger an Nadelwald gebunden; Jahresvogel in Süd-, Sommergast in Mitteleuropa.

Fitis *Phylloscopus trochilus*
Zilpzalp *Phylloscopus collybita* (nicht abgebildet) 11 cm
Beide Arten unscheinbar, oben grünlich braun mit deutlichem hellem Brauenstreif, unten hell, mehr oder weniger gelblich. Beine beim Zilpzalp immer schwärzlich, beim Fitis braun bis fleischfarben. Eindeutig am Gesang zu unterscheiden. Der Zilpzalp wiederholt seinen Namen auf zwei Noten (nicht mit dem Lockruf der Kohlmeise verwechseln!); der Fitis singt eine fließende, absteigende Tonreihe, die oft nach einer kurzen Pause wiederholt wird. Beide Arten brüten in Laub- und Nadelwald. Der Fitis ist Sommervogel von den Alpen bis zum Nordkap; der Zilpzalp fehlt in Schottland und großen Teilen Skandinaviens und ist Jahresvogel in Südeuropa.

Waldlaubsänger *Phylloscopus sibilatrix* 12,5 cm
Erscheint viel kräftiger grün und gelb als Fitis und Zilpzalp, aber man achte auf den weißen Bauch, der ihn am deutlichsten von Orpheus- und Gelbspötter unterscheidet. Hat zwei verschiedene Gesänge, beide leicht zu merken; ein melancholischer Pfiff „piuh", der bis zu zwanzigmal wiederholt wird, und ein erst langsam, dann immer schneller wiederholtes, in einem Triller endendes „zip-zip-zip...zirrr". Sucht in den Baumkronen nach Insekten. Bevorzugt hochstämmigen Buchen- und Eichenwald mit wenig Unterholz. Sommervogel in Italien und nördlich des Mittelmeergebietes bis nach Großbritannien und Südskandinavien; fehlt in Irland.

Orpheusspötter *Hippolais polyglotta* 13 cm
Gelbspötter *Hippolais icterina* (nicht abgebildet) 13,5 cm
Beide wirken sehr gelb, oben grünlich mit gelbem Augenstreif, unten ganz gelb, im Gegensatz zum Waldlaubsänger, der einen weißen Bauch hat. Sie haben eine charakteristische hohe Stirn und sehen daher spitzköpfiger aus als andere Sänger. Der helle Flügelfleck ist beim Gelbspötter länger als beim Orpheusspötter; sonst sind sie kaum voneinander zu unterscheiden. Der Gesang des Gelbspötters ähnelt dem des Sumpfrohrsängers, ist aber lauter und schärfer und enthält neben wohllautenden viele mißtönende Passagen, die beim Orpheusspötter fehlen. Beide sind Sommervögel in Laubwäldern und in der Parklandschaft, wo sie ihre Nahrung in den Baumkronen suchen. Der Orpheusspötter bewohnt Spanien, Frankreich und Italien, der Gelbspötter das Festland nördlich und östlich davon bis nach Südskandinavien.

Zeisig *Carduelis spinus* 12 cm
Vorsicht bei der Unterscheidung von Zeisig, Girlitz und Grünling, die alle grün und gelb sind! Beim Zeisigmännchen sind Scheitel und Kinn schwarz, der Rücken grün gestreift, die Flügel dunkel mit deutlichen Flügelbinden, die Unterseite, der Bürzel und die Schwanzseiten gelb. Weibchen und Jungvögel sind brauner und stärker gestreift und haben keinen schwarzen Scheitel; das Gelb an Bürzel und Kehle ist viel matter, ist aber auch bei ihnen das beste Bestimmungsmerkmal. Kleiner als Grünling, der viel kompakter wirkt. Ernährt sich vorwiegend von den Samen von Nadelbäumen, Birken und Erlen, hält sich daher meist in den Baumwipfeln auf, wo er so gewandt umherturnt wie die Meisen; kommt aber auch auf den Boden. Im Winter oft in gemischten Trupps mit Birkenzeisigen und Stieglitzen. Jahresvogel in Irland, Schottland, Skandinavien und östlich der Elbe; südlich davon nur im Gebirge. Im Winter in ganz Europa.

Girlitz *Serinus serinus* 11,5 cm
Ein gelblicher kleiner Fink mit leuchtend gelbem Bürzel, ohne Flügelbinden; dadurch unterscheidet er sich von Zeisig und Grünling. Kopf beim Männchen gelbgrün, Brust und Bürzel gelb, Rücken und Flügel grünbraun. Rücken und Seiten kräftig dunkel gestreift. Weibchen viel weniger gelb an Kopf und Brust; Jungvögel recht unscheinbar braungestreift. Schnabel stumpfer als bei ähnlichen Arten. Bewohnt Waldränder und Lichtungen sowie ähnlich strukturierte Biotope, z. B. Parks, Hecken und Gärten. Ernährt sich vorwiegend von Unkrautsamen, aber auch von Knospen und Insekten. Ursprünglich Jahresvogel im Mittelmeergebiet; hat sich bis zur Nord- und Ostsee ausgebreitet, dort Zugvogel; in England und Skandinavien sehr selten.

Grünling, Grünfink *Carduelis chloris* 14,5 cm
Leicht zu erkennen, Männchen leuchtend gelbgrün, Weibchen etwas matter gefärbt, Jungvögel noch mehr, oben leicht gestreift, aber alle mit kräftig gelben Abzeichen auf Flügeln und Schwanzseiten. Alle anderen grünlichen Finken sind kräftiger dunkel gestreift, während Größe und Gestalt, der eingekerbte Schwanz und der starke Samenfresserschnabel jede Verwechslung mit den kleineren und zarteren insektenfressenden Sängern unmöglich machen. Die Schafstelze ist noch leuchtender gelb, mit viel längerem Schwanz; die Goldammer hat braunen Rücken und rotbraunen Bürzel. Bewohnt lichte Wälder und Parklandschaften, auch Parks und Gärten am Stadtrand. Ruft im Sommer laut und nasal „zwäh". Ernährt sich vorwiegend von Sämereien und Knospen. Jahresvogel in ganz Europa nordwärts bis Südskandinavien, weiter nördlich Zugvogel.

Fichtenkreuzschnabel *Loxia curvirostra* 16,5 cm
Ein ziemlich dicker und dickköpfiger Fink, gekennzeichnet durch den eigenartigen Schnabel. Mit diesem Spezialwerkzeug bricht er Fichtenzapfen auf und holt die Samen heraus. Männchen ziegelrot, Weibchen olivgrün, Jungvögel bräunlich gestreift, manchmal mit etwas Rot. Kommt in Skandinavien besonders in Fichtenwäldern, in weiten Teilen Mittel- und Osteuropas und der Balkanhalbinsel, in Spanien, Schottland und Ostengland auch in anderen Nadelwäldern vor. Bei starkem Bevölkerungsdruck erfolgen invasionsartige Ausbrüche, und viele überwintern und brüten sogar in ganz Europa. In Nordskandinavien und der nördlichen Sowjetunion kommen zwei ähnliche Arten vor: Der **Kiefernkreuzschnabel**, *Loxia pytyopsittacus,* sieht fast genauso aus, hat aber einen noch stärkeren Schnabel, da er sich von Kiefernsamen ernährt; der **Hakengimpel**, *Pinicola enucleator,* brütet in Birken- und Nadelwäldern und hat eine doppelte Flügelbinde.

Stieglitz, Distelfink *Carduelis carduelis* 12 cm
Sehr leicht zu erkennen. Männchen und Weibchen praktisch gleich. Die gelben Abzeichen auf den schwärzlichen Flügeln fallen besonders im hüpfenden Flug auf, auch bei den gelblichbraun gestreiften Jungvögeln. Bewohner der Parklandschaft. Ernährt sich fast gänzlich von Sämereien; der lange, dünne Schnabel eignet sich besonders dafür, die Samen aus Distelköpfen herauszuholen. Schnabel beim Männchen länger als beim Weibchen, so daß er Samen erreichen kann, die für sie kaum erreichbar sind; dadurch erhöhen sich wahrscheinlich bei Nahrungsknappheit die Überlebensaussichten beider Geschlechter. Jahresvogel im größten Teil Europas; in Skandinavien und im Osten Zugvogel.

Hänfling *Acanthis (Carduelis) cannabina* 13,5 cm
Männchen im Brutkleid mit rotem Scheitel und roter Brust, grauem Kopf und rotbraunem Rücken; im Ruhekleid matter gefärbt, ähnlich wie Weibchen und Jungvögel, oben braun, unten gelbbräunlich, mit dunkler Streifung, aber heller als Birkenzeisig. Ein wichtiges Bestimmungsmerkmal ist der weiße Schwingensaum, der auch im Flug als heller Fleck sichtbar ist. Jahresvogel im westlichen Europa, Zugvogel in Skandinavien und Osteuropa. Auf den Britischen Inseln und in Norwegen brütet der **Berghänfling**, *Acanthis flavirostris;* er ähnelt dem Hänflingsweibchen, aber das Männchen hat im Sommer einen rosa Bürzel. Im Winter erscheinen große Flüge an den Küsten von Nord- und Ostsee, dann haben beide Geschlechter einen gelben Schnabel.

Birkenzeisig *Acanthis (Carduelis) flammea* 14 cm
Im wesentlichen braungestreift und mit Hänfling und Berghänfling zu verwechseln. Die Hauptunterscheidungsmerkmale sind der kleine, schwarze Kinnfleck und der leuchtend rote Stirnfleck, der nicht, wie beim Hänflingsmännchen, im Herbst verschwindet. Brust und Bürzel beim Männchen im Brutkleid rosa überhaucht, im Ruhekleid gelblichbraun gestreift wie beim Weibchen. Jungvögel ohne Rot. Bürzel bei skandinavischen Brutvögeln weißlich. Nahrungsbiotop von dem des Hänflings unterschieden; lebt vorwiegend von Samen der Nadelbäume, Erlen und Birken, nimmt nur gelegentlich Unkrautsamen. Jahresvogel in den Alpen, auf den Britischen Inseln und Island und in Skandinavien; im hohen Norden Zugvogel, der im Winter bis ans Mittelmeer zieht.

Gimpel, Dompfaff *Pyrrhula pyrrhula* 15 cm
Unverkennbar, Männchen mit rosenroter Unterseite, schwarzem Gesicht und Scheitel, blaugrauem Rücken, schwarzen Flügeln mit weißer Binde und mit weißem Bürzel, der besonders im Abflug vom schwarzen Schwanz absticht. Weibchen ähnlich, aber oben bräunlich-, unten rötlichgrau; Jungvögel bräunlich, ohne schwarze Kappe. Rundlich und dickhalsig, mit starkem Kegelschnabel; ernährt sich weitgehend von Knospen und Samen. Im Norden und Osten vorwiegend im Nadelwald, in West- und Mitteleuropa mehr in Laubwald, Parks und Obstgärten. Bildet nicht so große Winterflüge wie andere Finken. Jahresvogel in Europa nördlich des Mittelmeerraumes; nordskandinavische Vögel ziehen im Winter südwärts bis nach Spanien.

Buchfink *Fringilla coelebs* 15 cm
Männchen und Weibchen mit zwei deutlichen weißen Flügelbinden, die im Sitzen wie im Flug auffallen, so daß sie selbst im tiefen Waldesschatten artlich zu bestimmen sind. Männchen hat graublauen Scheitel und Nacken, weinrötliche Wangen und Brust, kastanienbraunen Mantel und moosgrünen Bürzel; im Winter matter gefärbt. Weibchen oben grünlichgrau, unten heller. In der Brutzeit in Wäldern und Gehölzen aller Art, in Parks und Gärten, im Winter auch in offener Landschaft. Lebt im Sommer von Insekten, im Winter von Sämereien, die vom Boden aufgenommen werden. Häufig, in ganz Europa weitverbreitet. In Nord- und Osteuropa Zugvogel, sonst Jahresvogel. Bildet im Winter große Flüge, die in manchen Gegenden aus Vögeln desselben Geschlechts zu bestehen scheinen.

Bergfink *Fringilla montifringilla* 14,5 cm
Unverkennbar, Gesamteindruck orange, schwarz und weiß; verrät sich im Abfliegen durch den ausgedehnten weißen Bürzelfleck. Männchen nur im Sommer mit schwarzem Kopf und Mantel; sieht nach der Herbstmauser wie ein kräftig gefärbtes Weibchen aus, mit gelblichbraunem Kopf und Mantel, orange Brust und Schultern, weißem Bürzel und schwarzem Schwanz. Die neuen Kopf- und Mantelfedern haben jedoch nur gelblichbraune Säume; wenn diese verschlissen sind, tritt das darunter verborgene Schwarz zutage. Der Übergang zum Brutkleid erfordert aber keine neue kräfteverzehrende Mauser. Brütet in Nordeuropa in Birken- und lichtem Nadelwald und in hohem Weidengebüsch und ernährt sich von Sämereien und Insekten. Zieht im Winter nach Süden und erscheint in ganz Europa, besonders in Gebieten, wo es reichlich Buchekkern gibt.

Ortolan, Gartenammer *Emberiza hortulana* 16,5 cm
Männchen mit grünlichgrauer Kapuze, gelber Kehle und gelber Gesichtszeichnung. Rücken braun, Unterseite zimtbraun, im Gegensatz zum gelben Bauch von Gold- und Zaunammer. Weibchen matter gefärbt, mit gestrichelter Kapuze, Kehle und Gesichtszeichnung gelblichbraun. Beide haben einen deutlichen Augenring, der auch die Jungvögel kennzeichnet. Bewohnt die offene Kulturlandschaft mit einzelnen Bäumen. Sommervogel, auf dem europäischen Festland weit, aber im Westen lückenhaft verbreitet.

Goldammer *Emberiza citrinella* 16,5 cm
Männchen unverwechselbar, Kopf und Unterseite vorwiegend gelb, Rücken kräftig braun (Gestalt und Verhalten der Schafstelze ganz anders). Weibchen und Jungvögel weniger gelb, mit Weibchen und Jungen der Zaunammer zu verwechseln; alle Goldammern zeigen aber im Flug immer leuchtend rotbraunen Bürzel. Das Männchen singt meist von der Spitze eines Busches aus sein einfaches Lied, ein wiederholtes „zwi-zwi-zwi-zwi-zwi-zwi-zwih". Häufig und weitverbreitet an Waldrändern, in Schonungen und in offener Landschaft mit Hecken und Gebüsch. Im Winter manchmal in gemischten Flügen mit Finken. Jahresvogel in ganz Europa nördlich des Mittelmeerraumes; dort Wintergast. Im äußersten Norden Sommervogel.

Zaunammer *Emberiza cirlus* 16,5 cm
Männchen von Goldammer durch dunklen Scheitel und schwarze Kehle leicht zu unterscheiden. Weibchen und Jungvögel beider Arten sehr ähnlich, oben braun, unten matt gelb, Kopf, Rücken und Seiten gestrichelt; am besten an der Farbe des Bürzels zu unterscheiden — hell rotbraun bei der Goldammer, olivbraun bei der Zaunammer, die außerdem einen charakteristischen hellen Augenring hat. Gesang ein kurzes, eintöniges Rasseln, ähnlich dem der Klappergrasmücke. Biotop ähnlich wie Goldammer, aber mit mehr Bäumen. Jahresvogel in West- und Südeuropa von Südwestengland über Südwestdeutschland bis Griechenland.

Rohrammer *Emberiza schoeniclus* 15 cm
Männchen leicht zu bestimmen, Kopf und Kehle schwarz, Bartstreif und Nacken weiß, Rücken satt braun, Unterseite hell; Kopf im Winter brauner, aber die einfache, kontrastreiche Zeichnung ist zu allen Zeiten sehr auffällig. Bei jungen Männchen sind Kopf und Kehle undeutlich gezeichnet; Weibchen viel matter gefärbt, mit bräunlichem Kopf, einem deutlichen weißen V unterhalb der Wange und einem dunklen Bartstreif. Alt- und Jungvögel haben dunklen Schwanz mit weißer Außenkante, die im Flug sehr auffällt. Vorwiegend Sumpfbewohner, hat aber seit kurzem in einigen Gegenden auch trockeneres Gelände besiedelt, wie es die Goldammer liebt. In ganz Europa außer Island (in Italien und Griechenland sehr lokal) verbreitet. Jahresvogel, im Norden und Osten Sommergast.

Haussperling *Passer domesticus* 14,5 cm
Allbekannt, doch sollte man sich die Merkmale einprägen, um ähnlich aussehende Arten sicher bestimmen zu können. Das Männchen hat grauen Scheitel, rotbraunen Nacken, helle Wangen, schwarzes Lätzchen und eine deutliche weiße Flügelbinde. Weibchen und Jungvögel recht unscheinbar, hellbraun mit dunklerem Scheitel und Augenstreif, gestreiftem Rücken und relativ heller Unterseite. Eng an menschliche Siedlungen gebunden. Brütet normalerweise in Höhlungen, meist an Gebäuden, aber auch in Nisthöhlen anderer Arten; baut gelegentlich freistehende Kugelnester. Eigentlich Samenfresser, hat aber gelernt, praktisch alle Nahrung zu verzehren, die ihm der Mensch zugänglich macht; im Spätsommer ziehen viele Vögel aus der Stadt auf das Land, um das reife Korn zu nutzen. Jahresvogel in ganz Europa. Der nahe verwandte **Weidensperling,** *Passer hispaniolensis,* mit rotbraunem Scheitel, großem schwarzem Brustfleck und schwarzgestreiften Seiten, bewohnt vorwiegend Uferdickichte im Mittelmeergebiet. Der **Italiensperling,** *Passer domesticus italiae,* mit rotbraunem Scheitel und nicht ganz so ausgedehntem Brustlatz, ist eine Mischrasse zwischen beiden Arten und vertritt den Haussperling in Italien.

Feldsperling *Passer montanus* 14 cm
Kleiner und zierlicher als der Haussperling, unterscheidet sich durch rotbraunen Scheitel, schwarzen Fleck auf der reinweißen Wange und kleineren, schwarzen Kehlfleck. Männchen, Weibchen und Jungvögel gleich. Stimme höher und härter als die des Haussperlings — ein kurzes „tschik, tschik" und ein charakteristischer Flugruf „tek, tek". Weniger an den Menschen gebunden als Haussperling, bewohnt vorwiegend die Kulturlandschaft mit verstreuten Bäumen. Höhlenbrüter, gewöhnlich in Bäumen. Jahresvogel im größten Teil Europas. In Irland sehr lückenhaft verbreitet, fehlt in Nordschweden, Finnland und großen Teilen der Balkanhalbinsel.

Grauammer *Emberiza calandra* 18 cm
Fast ohne auffallende Merkmale. Kopf, Rücken und Bürzel graubraun, gleichmäßig dunkler gestreift; Unterseite heller, Brust braun gesprenkelt, was manchmal wie ein Halsband wirkt. Unterscheidet sich durch dicken Schnabel und Fehlen von Häubchen, Flügelbinden und hellen Schwanzfedern von Lerchen und Piepern. Geschlechter gleich. Wirkt massig, fliegt manchmal mit hängenden Beinen. Gesang ein hohes, eiliges Scheppern, von einer niedrigen Singwarte, gern einem Telefondraht aus vorgetragen. Bewohnt offenes Feldgelände im größten Teil Europas, fehlt fast ganz im Norden und Nordosten; in Irland nur an der Küste.

Wiesenpieper *Anthus pratensis* (Mitte) 14,5 cm
Baumpieper *Anthus trivialis* (nicht abgebildet) 15 cm
Wasserpieper *Anthus spinoletta* (unten) 16,5 cm
Die meisten Pieper sehen auf den ersten Blick wie eine Kreuzung zwischen Lerchen und Drosseln aus, aber es gibt eine Reihe offensichtlicher Unterschiede. Sie sind mit den Stelzen verwandt und haben ein ähnlich glattes Aussehen, halten sich oft ziemlich waagerecht und wippen häufig mit dem relativ langen Schwanz. Sie laufen auf dem Boden statt zu kriechen wie die Lerchen oder zu hüpfen wie die Drosseln. Sie sind kleiner als diese, oben gestreift und haben helle äußere Schwanzfedern wie die Feldlerche, sind aber schlanker und haben kein Häubchen.
Wiesen- und Baumpieper sind außer nach Vorkommen, Verhalten und Stimme schwer zu unterscheiden. Der Baumpieper brütet gewöhnlich in offenem Gelände mit einzelnen Bäumen oder in lichtem Wald; der Wiesenpieper zieht völlig offenes Wiesenland oder Moor vor. Beide haben einen nicht sehr hohen Singflug. Der Baumpieper beginnt meist auf einem Baumwipfel und landet auf einem anderen, singt auch auf einem Baum, während der Wiesenpieper sich selten auf einen Baum setzt. Beider Gesang ist viel kürzer und einfacher als der der Feldlerche; der des Baumpiepers endet oft mit einem lauten „zia-zia-zia". Der Baumpieper ist Sommervogel in Europa nördlich des Mittelmeerraumes außer in Irland und Island; der Wiesenpieper bewohnt das mittlere und nördliche Europa und ist im Westen Jahresvogel, im Osten Sommervogel und überwintert im Mittelmeerraum. Der Wasserpieper bewohnt die hohen Gebirge Mittel- und Südeuropas sowie — in anderen Rassen (Strandpieper) — die Felsenküsten Nordwest- und Nordeuropas. Der eigentliche Wasserpieper ist oben grau, unten weiß und hat weiße Schwanzkanten; die westlichen Strandpieper sind dunkelgrau, die östlichen bräunlich, beide mit hellgrauen Schwanzkanten. Wasser- und Strandpieper haben dunkle Beine im Gegensatz zu den rötlichen Beinen der anderen Pieper. Wasserpieper ziehen im Winter vom Gebirge in die Ebene; Strandpieper überwintern an allen Küsten von Südnorwegen bis Marokko.

Feldlerche *Alauda arvensis* 18 cm
Am bekanntesten durch ihren Singflug: Das Männchen steigt senkrecht auf, oft in große Höhen, rüttelt und senkt sich, und singt während der ganzen Zeit sein lautes, wohlklingendes, charakteristisches Lied, das völlig verschieden ist von dem anderer Vögel, die einen Singflug haben. Ein Vogel der offenen Feldflur, setzt sich so gut wie nie auf Bäume — anders als Heidelerche oder Baumpieper. Weder Heidelerche noch Haubenlerche haben ganz weiße äußere Schwanzfedern, die bei der Feldlerche sofort auffallen. Wenn sie mit gesträubter Haube aufgerichtet auf einem Erdwall steht, sieht sie ganz anders aus als wenn sie sich bei der Nahrungssuche auf dem Boden duckt. Bewohnt fast ganz Europa; Jahresvogel im Süden und Westen, Sommervogel im Norden und Osten. Streicht im Winter oft in großen Flügen umher.

Heidelerche *Lullula arborea* 15 cm
Durch eine Reihe von Merkmalen von anderen Lerchen und Piepern unterschieden. Unter günstigen Umständen sieht man, daß die Augenstreifen im Genick zusammenstoßen, daß die Flügel am Außenrand ein schwarz-weißes Abzeichen tragen, und daß die Schwanzspitzen weiß sind. Auch ist der Schwanz ziemlich kurz, so daß sie im Flug etwas fledermausähnlich wirkt. Gesang sehr weich und flüssig, oft im Wellenflug zwischen zwei Baumwipfeln vorgetragen. Bewohnt offenes Heideland mit verstreuten Bäumen und Büschen sowie Waldränder. Vorwiegend Standvogel in Süd- und Westeuropa bis Südengland und Dänemark, weiter östlich und nördlich (bis Südschweden und Südfinnland) Sommervogel.

Haubenlerche *Galerida cristata* 17 cm
Normalerweise an der spitzen, meist aufgerichteten Haube leicht zu erkennen. Schwanz ohne Weiß, Außenkanten orangebraun. Gesang dem der Feldlerche etwas ähnlich, aber gewöhnlich vom Boden oder einer Singwarte aus vorgetragen; Singflug nicht mit dem der Feldlerche zu vergleichen. Flugruf ein dreisilbiges, weiches „wi-wi-uh", völlig verschieden von dem kurzen „tschirrip" der Feldlerche. Jahresvogel in Europa mit Ausnahme der Britischen Inseln, Islands, fast ganz Skandinaviens und der nördlichen Sowjetunion. Liebt trockenes Ödland ohne bzw. mit ganz niedriger Vegetation; häufig auf Industriegelände, an Bahndämmen und Landstraßen. In Spanien und Nordafrika kommt die sehr ähnliche **Theklalerche**, *Galerida theklae*, vor, die sich durch silbergraue statt orange Unterflügel unterscheidet.

Bachstelze *Motacilla alba* 18 cm
Die abgebildete Rasse, die **Trauerbachstelze**, *Motacilla alba yarrellii*, ist Jahresvogel auf den Britischen Inseln. Das übrige Europa bewohnt die Nominatform *Motacilla alba alba;* sie ist Jahresvogel im Mittelmeerraum und Frankreich, nördlich und östlich davon Zugvogel. Männchen im Brutkleid mit schwarzer Kappe, Kehle und Brust, weißem Gesicht und Bauch, hellgrauem Rücken und Bürzel und schwarzem Schwanz mit weißen Außenkanten; Weibchen mit weniger Schwarz an Kopf und Brust. Beide Geschlechter im Ruhekleid matter gefärbt mit weißer Kehle und schwarzem Brustband. Die Trauerbachstelze hat einen schwarzen Bürzel; Rücken beim Männchen schwarz, beim Weibchen dunkelgrau. Jungvögel beider Rassen bräunlich, meist mit schmalem Brustband.

Gebirgsstelze *Motacilla cinerea* 18 cm
Alle Stelzen sind adrett und ruhelos, vor allem die Gebirgsstelze mit ihrem besonders langen, ständig wippenden Schwanz. Beide Geschlechter mit aschgrauem Scheitel und Rücken, gelber Unterseite und schwarzem Schwanz mit weißen Kanten; Männchen im Brutkleid mit schwarzer Kehle. Jungvögel blasser gefärbt, oben bräunlichgrau, unten gelblichbraun, aber Bürzel und Unterschwanzdecken wie bei den Altvögeln leuchtend gelb, was beim abfliegenden Vogel ein gutes Bestimmungsmerkmal ist. Enger an fließendes Wasser gebunden als Bachstelze, liebt saubere, schnell fließende Bäche. Läuft auf der Jagd nach Insekten schnell am Ufer entlang, fängt sie aber auch über dem Wasser in der Luft. Vorwiegend Jahresvogel in Europa nordwärts bis zu den Britischen Inseln und nach Jütland (seltener Sommervogel in Südschweden); streift im Winter weit umher.

Schafstelze *Motacilla flava* 16,5 cm
In ganz Europa (außer Irland, Schottland und Island) in mehreren Rassen verbreitet, die sich hauptsächlich in der Kopfzeichnung der Männchen unterscheiden. Alle adulten Vögel sind unten gelb, oben — die Weibchen auch am Kopf — grünlich. Männchen der abgebildeten britischen Rasse haben ganz gelben Kopf, wie Kanarienvögel; südskandinavische und mitteleuropäische mit blaugrauem Scheitel und etwas dunkleren Wangen sowie einem weißen Brauenstreif; spanische ähnlich, mit kürzerem Brauenstreif; nordskandinavische mit dunkelgrauem Kopf und schwarzen Wangen, ohne Brauenstreif; italienische ähnlich wie diese, aber nicht so dunkel; südosteuropäische mit ganz schwarzem Kopf (Maskenstelze). Brütet in feuchtem Wiesenland, gern nahe am Wasser. Sommervogel.

Register

Aaskrähe 74
Acanthis 112
Accipiter 66
Acrocephalus 104
Actitis 40
Aegithalos 98
Alauda 122
Alca 14
Alcedo 82
Alectoris 52
Alpenstrandläufer 40
Amsel 86
Anas 26
Anser 30
Anthus 120
Apus 76
Aquila 62
Arenaria 48
Asio 58
Athene 56
Austernfischer 48
Aythya 22

Bachstelze 124
Baßtölpel 32
Baumfalke 64
Baumpieper 120
Bekassine 44
Bergente 22
Bergfink 114
Berghänfling 112
Birkenzeisig 112
Birkhuhn 50
Bläßhuhn 20
Blaukehlchen 88
Blaumeise 98
Bombycilla 82
Botaurus 18
Branta 30
Brandgans 28
Brandseeschwalbe 38
Braunkehlchen 92
Bruchwasserläufer 40
Bucephala 22
Buchfink 114
Buntspecht 70
Buteo 62

Calidris 40
Caprimulgus 68
Carduelis 112
Cepphus 14
Certhia 96
Charadrius 38
Chlidonias 38
Ciconia 32

Cinclus 82
Circus 60
Columba 54
Corvus 74
Cuculus 68
Cygnus 32

Delichon 78
Dendrocopos 70
Dohle 76
Dreizehenmöwe 36
Drosselrohrsänger 104

Eichelhäher 72
Eiderente 24
Eissturmvogel 36
Eisvogel 82
Elster 76
Emberiza 120
Erithacus 88

Falco 66
Fasan 52
Feldlerche 122
Feldschwirl 104
Feldsperling 118
Felsentaube 54
Fichtenkreuzschnabel 110
Ficedula 94
Fischadler 60
Fitis 106
Flußseeschwalbe 38
Flußuferläufer 40
Fratercula 14
Fringilla 114
Fulica 20
Fulmarus 36

Gänsesäger 28
Galerida 122
Gallinago 44
Gallinula 20
Garrulus 72
Gartenbaumläufer 96
Gartengrasmücke 102
Gartenrotschwanz 90
Gavia 16
Gebirgsstelze 124
Gelbspötter 108
Gimpel 124
Girlitz 110
Goldammer 116
Goldregenpfeifer 42
Grauammer 120
Graugans 30
Graureiher 18

Grauschnäpper 94
Grauwürger 80
Großer Brachvogel 46
Grünling 110
Grünspecht 70

Habicht 66
Haematopus 48
Hänfling 112
Haubenlerche 122
Haubenmeise 100
Haubentaucher 18
Haussperling 118
Heckenbraunelle 94
Heidelerche 122
Hippolais 108
Hirundo 78
Höckerschwan 32
Hohltaube 54

Jynx 68

Kampfläufer 44
Kanadagans 30
Kiebitz 50
Kiebitzregenpfeifer 42
Klappergrasmücke 102
Kleiber 96
Kleinspecht 70
Knutt 42
Kohlmeise 98
Kolkrabe 74
Kormoran 16
Krähenscharbe 16
Krickente 24
Kuckuck 68

Lachmöwe 36
Lagopus 50
Lanius 80
Larus 34
Limosa 46
Locustella 104
Löffelente 26
Loxia 110
Lullula 122
Luscinia 88
Lyrurus 50

Mäusebussard 62
Mantelmöwe 34
Mauersegler 76
Mehlschwalbe 78
Mergus 28
Merlin 66
Milvus 64

Misteldrossel 84
Mittelsäger 28
Mönchsgrasmücke 102
Moorschneehuhn 50
Motacilla 124
Muscicapa 94

Nachtigall 90
Nachtschwalbe 68
Neuntöter 80
Numenius 46

Oenanthe 92
Oriolus 72
Orpheusspötter 108
Ortolan 116

Pandion 60
Papageitaucher 14
Parus 100
Passer 118
Perdix 52
Pfeifente 24
Pfuhlschnepfe 46
Phalacrocorax 16
Phasianus 52
Philomachus 44
Phoenicurus 90
Phylloscopus 106
Pica 76
Picus 70
Pirol 72
Pluvialis 42
Podiceps 18
Provencegrasmücke 106
Prunella 94
Pyrrhula 114

Rauchseeschwalbe 78
Rebhuhn 52
Recurvirostra 48
Regulus 106
Reiherente 22
Ringdrossel 86
Ringelgans 30
Ringeltaube 54

Riparia 78
Rissa 36
Rohrammer 118
Rohrdommel 118
Rohrweihe 60
Rotdrossel 18
Rothuhn 52
Rotkehlchen 88
Rotkopfwürger 80
Rotmilan 64
Rotrückenwürger 80
Rotschenkel 44

Saatkrähe 74
Säbelschnäbler 48
Sandregenpfeifer 38
Saxicola 92
Schafstelze 124
Schellente 22
Schilfrohrsänger 104
Schleiereule 58
Schwanzmeise 98
Schwarzkehlchen 92
Seidenschwanz 82
Serinus 110
Silbermöwe 34
Singdrossel 84
Sitta 96
Somateria 24
Sperber 66
Spießente 26
Star 88
Steinadler 62
Steinkauz 56
Steinschmätzer 92
Steinwälzer 48
Sterna 38
Sterntaucher 16
Stieglitz 112
Stockente 26
Streptopelia 56
Strix 58
Sturmmöwe 34
Sturnus 88
Sula 32
Sumpfmeise 100

Sumpfohreule 58
Sylvia 102

Tachybaptus 20
Tadorna 28
Tafelente 22
Tannenmeise 100
Teichhuhn 20
Teichrohrsänger 104
Tordalk 14
Trauerschnäpper 94
Trauerseeschwalbe 38
Tringa 40
Troglodytes 96
Trottellumme 14
Türkentaube 56
Turdus 84
Turmfalke 64
Turteltaube 56
Tyto 58

Uferschnepfe 46
Uferschwalbe 78
Upupa 72
Uria 14

Vanellus 50

Wacholderdrossel 86
Waldbaumläufer 96
Waldkauz 58
Waldlaubsänger 108
Waldwasserläufer 40
Wanderfalke 66
Wasseramsel 82
Wasserpieper 120
Weißstorch 32
Wendehals 68
Wiedehopf 72
Wiesenpieper 120
Wiesenweihe 60
Wintergoldhähnchen 106

Zaunammer 116
Zeisig 108
Ziegenmelker 68
Zwergtaucher 20

In Ihrer Fach/Buchhandlung!

Bruun/Singer/König
Der Kosmos-Vogelführer
Alle europäischen Vögel lassen sich mit Hilfe von Farbbildern, Beschreibungen und Verbreitungskarten rasch und zuverlässig bestimmen. Hervorragende, international bekannte Wissenschaftler wirkten bei der Gestaltung dieses Buches zusammen.
320 S., 1845 farbige Einzeldarst., 110 SW-Abb., 465 farb. Verbreitungskarten.

Hammond/Everett
Das Kosmosbuch der Vögel
In diesem Buch sind in über 640 ausgesucht schönen Farbfotos fast alle europäischen Vogelarten abgebildet. Etwas, was es in dieser Art bisher noch nicht gegeben hat, ist die Zusammenstellung der verschiedenen Flugbilder. Außerdem wurde von jeder Art die Silhouette aufgezeichnet. Neben den genauen Beschreibungen aller Arten gibt das Buch Auskunft über Stimme, Lebensraum, Ernährung, Brutverhalten, Spuren und die Biotope mit den in ihnen heimischen Arten.
256 S., 646 Farbfotos, 342 zweif. Karten, 342 Vogelsilhouetten.

Die Singvögel Europas
Diese herrliche Geschenkkassette zeigt dem Vogelfreund, unterstützt durch ausführliche Beschreibungen und mehrfarbige Verbreitungskarten, naturgetreu die Singvögel Europas. Dazu eine 30-cm-Stereo-Langspielplatte, 33 1/3 U/min. (auch mono abspielbar) „Die besten Sänger unserer Vogelwelt" mit 13 Hörszenen von 25 Vogelstimmen, aufgenommen von Hubert Reisinger.
20 S., 139 Farb- und 44 SW-Illustrationen, 57 Verbreitungskarten.